INVESTIR É UMA JORNADA

FELIPE TADEWALD
& JEAN TOSETTO

INVESTIR É UMA JORNADA

São Paulo | 2023

SUMÁRIO

A missão da Suno Research [6]

Prefácio, por Jean Tosetto [8]

I – Uma lenta e contínua trajetória [11]

II – Vá além da renda fixa [41]

III – Motivos para investir em ações [45]

IV – Controle de ego e consumo consciente [54]

V – As sereias e os marujos incautos [72]

VI – A Bolsa é para todos [79]

VII – O longo prazo é amigo dos juros compostos [86]

VIII – Construindo uma carteira previdenciária [95]

IX – Ações: o que os números contam [110]

X – A importância do *Yield on Cost* [131]

XI – FIIs: renda recorrente com menos solavancos [137]

XII – Os ciclos do mercado financeiro [150]

XIII – Crises que vêm e vão [161]

XIV – Dividendos, dividendos, dividendos [169]

XV – Renda passiva oriunda da renda variável [178]

XVI – Décio Bazin tinha razão [190]

XVII – A postura de quem investe no longo prazo [202]

XVIII – Comece! [220]

Posfácio, por Felipe Tadewald [232]

Glossário [237]

A MISSÃO DA SUNO RESEARCH

A cada geração, uma parte da humanidade se compromete a deixar o mundo um lugar melhor do que encontrou. Esse contingente populacional acredita que, para tanto, é preciso investir em inovações.

Foram as inovações promovidas pela humanidade, ora confundidas com descobertas, ora com invenções, que nos tiraram da Idade da Pedra e nos colocaram no olho do furacão da Era Digital.

Nos últimos séculos, quase todas as inovações científicas e tecnológicas foram difundidas pelas instituições empresariais, sejam elas privadas ou públicas, visem elas lucros ou não.

Grande parte das empresas que promoveram inovações recorreu ao mercado de capitais para obter financiamentos para os seus projetos. Essa premissa continua válida.

Os países onde os mercados de capitais são mais desenvolvidos concentram também as empresas mais inovadoras do planeta. Nos Estados Unidos, milhões de pessoas investem suas economias nas Bolsas de Valores.

Uma parcela significativa dos norte-americanos obtém a independência financeira, ou o planejamento da aposentadoria, associando-se com grandes empresas que movimentam a economia global.

São bombeiros, advogados, professoras, dentistas, zeladores, ou seja, profissionais dos mais diversos tipos que se convertem em investidores, atraindo empreendedores de várias origens, que encontram dificuldades de empreender em sua terra natal.

No Brasil, o mercado de capitais ainda é muito pequeno perto de sua capacidade plena. Até 2017, quando a Suno iniciou suas operações, menos de um por cento da população brasileira investia através da Bolsa de Valores de São Paulo.

A missão da Suno Research é justamente promover a educação financeira de milhares de pequenos e médios investidores em potencial.

Como casa independente de pesquisas em investimentos de renda variável, a Suno quer demonstrar que os brasileiros podem se libertar do sistema público de previdência, fazendo investimentos inteligentes no mercado financeiro.

O brasileiro também pode financiar a inovação, gerando divisas para seu país e se beneficiando dos avanços promovidos pela parceria entre investidores e empreendedores.

O investidor brasileiro em potencial ainda tem receio de operar em Bolsa. Vários são os mitos sobre o mercado de capitais, visto como um ambiente restrito aos especialistas e aos mais endinheirados.

A facilidade para realizar aplicações bancárias – embora pouco rentáveis – e os conflitos de interesse de parte das corretoras de valores, que fornecem análises tendenciosas de investimento visando comissões com transações em excesso, são fatores que também distanciam muita gente do mercado financeiro nacional.

Como agravante, a Suno tem em seu segmento de atuação empresas que fazem um jogo publicitário pesado, oferecendo promessas de enriquecimento que não se comprovam na realidade. Não existe enriquecimento rápido; tal possibilidade ocorre no longo prazo.

Por meio de seus artigos, análises de empresas e fundos imobiliários, vídeos, cursos e também livros como este, a Suno vem para iluminar a relação do brasileiro com o mercado de capitais, que, se não tem a solução para todos os problemas, é parte do esforço da humanidade para deixar este mundo melhor, por meio de investimentos em valores monetários, morais e éticos.

PREFÁCIO

O anti-herói dos investidores e influenciadores

Por Jean Tosetto

Num mundo dominado pelas redes sociais, não basta ser rico e independente financeiramente: é preciso ser famoso e parecer feliz o tempo todo. Essa, pelo menos, é a impressão que fica quando você começa a pesquisar sobre investimentos em renda variável e descobre os canais mais populares do YouTube, além dos perfis mais seguidos do Instagram em torno do tema das finanças.

Alguns influenciadores digitais desse meio parecem ter saído de antigas propagandas de margarinas: estão sempre sorrindo. Seus estúdios possuem uma decoração descolada, com livros de capa dura deitados em estantes, entre bonecos de filmes, gibis e jogos da cultura *nerd*. Tem a turma que tira fotos em lugares turísticos, acreditando que isso reforçará a credibilidade daquilo que propagam. Decerto, estão com a vida resolvida. Ao menos não externam seus problemas.

Isso parece funcionar, e a ressalva deve ser feita: muitos deles transmitem informações úteis para quem busca educação financeira. Porém, quem tem um pingo de bom senso logo aprende a separar o joio do trigo. Não é difícil saber quem enfrenta conflitos de interesses e quem age com isenção e equilíbrio. Quem encarna personagens e quem é, de fato, autêntico.

É neste cenário que o Felipe Tadewald chama a atenção. Em primeiro lugar, ele realmente faz aquilo que prega. Em segundo lugar, ele não dá a mínima para a ostentação: faz questão de não aparecer. Nos vídeos que grava para a Suno Research no YouTube, somente a sua voz vem ao público. E, ainda assim, em outubro de 2022 tinha mais de 325 mil seguidores no Instagram e superava os 75 mil no Twitter, apenas escrevendo sobre educação financeira e investimentos em renda variável.

Parece pouco diante dos milhões de seguidores de gente programada para fazer graça enquanto ensina o ABC das finanças, mas é um número muito alto se você considerar o perfil focado de quem prefere seguir Tadewald.

Sem se parecer com um herói das finanças, ele toca o âmago das pessoas ávidas por conhecimento, pois é sincero em tudo que fala e escreve. Em suma: ele entrega aquilo que a pessoa realmente precisa saber, ao invés de tentar adivinhar o que ela quer ouvir ou ler.

Ao contrário da maioria de seus pares, Felipe Tadewald não nasceu em berço de ouro. Seus pais nunca foram ricos e ele nunca teve um mentor. Mesmo com todos os prognósticos jogando contra o seu futuro, Waka, como seus amigos o chamam, teve que encontrar seu caminho por conta própria, até chegar ao patamar da independência financeira.

O Waka é um autodidata. Ainda muito jovem ele aprendeu a analisar empresas de capital aberto e fundos imobiliários. Além disso, traçou sua estratégia para construir uma sólida coluna de ativos geradores de renda passiva, tendo a disciplina e a paciência para reinvestir os proventos recebidos ao longo dos anos, combatendo as tentações da vaidade e das comparações com as pessoas ao seu redor.

Sua postura e seu conhecimento a respeito do mercado de capitais chamaram a atenção de Tiago Reis, fundador da Suno Research, que convidou Felipe para ingressar em seu time ainda em 2017, no primeiro ano de atividades da casa independente de análise sobre investimentos em renda variável. Trabalhando sob a supervisão de Reis, o desempenho de Tadewald foi tão notável que resultou na bonificação que lhe permitiu ingressar no quadro societário da própria Suno.

Quem conhece a origem simples do Waka e constata aonde ele já chegou (ainda muito jovem, por volta dos 30 anos de idade) concordará que é possível replicar boa parte de seus ensinamentos para atingir a liberdade financeira. Isso ficará ainda mais cristalino nos próximos anos, conforme Waka siga trabalhando em prol de uma nova geração de investidores.

É neste sentido que este livro foi idealizado. Não foi simples convencer o Waka de que ele deveria escrevê-lo. Dentro de sua humildade, ele chegou a duvidar de que tinha conteúdo suficiente para tanto.

O processo de convencimento levou alguns meses, após uma coleta de sua difusa produção: artigos para o *site* da Suno Research, textos para o Facebook, frases marcantes no Twitter e comentários relevantes no Instagram. Após uma triagem de todo o conteúdo, apresentamos uma sequência de trilhas abertas na mata para o Waka, que felizmente resolveu pavimentá-las e interligá-las, criando a estrada que dá forma para esta publicação.

Pronto, agora que apresentei meu amigo para você, os deixarei à vontade para continuar a conversa. Imagine que você foi visitá-lo em Florianópolis e ele te convidou para fazer uma caminhada na areia da praia. Abra os portais do entendimento e receba o que a brisa do mar tem de melhor para te soprar: as palavras de alguém que é gente como a gente – e que já chegou aonde muitos querem chegar.

I – UMA LENTA E CONTÍNUA TRAJETÓRIA

"A disciplina é a ponte entre objetivos e realizações"
– Jim Rohn

Numa tarde comum de um dia de férias escolares de 2003, lá estava eu, como quase todo garoto daquela época, buscando uma solução para o tédio, geralmente derrotado com algumas boas doses de jogatinas de *videogame* ou brincadeiras com amigos. Mas o que fazer quando você já zerou o estoque de jogos, seus amigos foram para a praia e você ficou no calor da cidade?

As coisas ficam um pouco mais complicadas neste caso, mas tolerar o tédio continuava sendo uma missão impossível. Vasculhando meu quarto à procura de algo que me tirasse daquela terrível condição, nem que fosse por algumas horas, encontrei um CD empoeirado, escondido numa gaveta.

Era um jogo de computador que havia comprado há alguns anos e testado brevemente. Por não lembrar muito bem de suas regras e pela necessidade desesperada de distração, instalei-o em meu computador e comecei a praticar. Mal fazia ideia de que aquela escolha viria a plantar uma semente na minha cabeça, que acabaria fazendo parte de uma decisão fundamental na minha vida, desde então.

Realidade simulada

O jogo se chamava *The Sims* – uma espécie de simulação da vida real. Saía bem dos padrões de jogos de luta e aventuras que um pré-adolescente de 13 anos gostaria de jogar. Mas, ao mesmo tempo, por ser um jogo diferente, era no mínimo curioso.

O personagem que cada um criava no jogo tinha como objetivo principal algo não muito diferente da meta de grande parte das pessoas adultas do mundo real: "vencer na vida". Para isso, era preciso escolher uma profissão, se desenvolver nela, ganhar dinheiro, formar uma família, ter filho e, principalmente, construir a casa dos seus sonhos.

Não era incomum ver crianças e jovens que participavam daquele jogo construindo mansões com incontáveis dormitórios, móveis de luxo, piscinas enormes e coisas do tipo. Muitas delas, inclusive, utilizavam trapaças, que eram códigos que permitiam que o personagem amealhasse quantias enormes de dinheiro, conseguindo assim adquirir tudo o que queria, sem a necessidade de trabalhar ou investir.

Nunca fui de trapacear. É óbvio que numa tarde só – agindo de forma honesta – seria impossível atingir todas essas realizações dentro do jogo. Apesar de ter a intenção de brincar por apenas uma tarde, acabei me debruçando sobre *The Sims* durante semanas, com o objetivo de fazer meu personagem enriquecer e atingir seus objetivos.

Acordar cedo, ir trabalhar, voltar para casa, receber o dinheiro (sim, o personagem recebia diariamente) e gastar em objetos e reformas para a casa. Não muito diferente da rotina real dos adultos: era isso que o meu avatar fazia todos os dias.

O jogo começava a perder um pouco da graça. Afinal de contas, estava basicamente, através de uma simulação, vivendo mais uma vida chata de um adulto, que dedica sua rotina ao trabalho e ao consumo. Isso deixou de ser empolgante e logo fui enjoando.

Momento de epifania

No entanto, em uma dessas jogadas, descobri uma novidade. No simulador da vida real, existia a possibilidade de o meu personagem virtual utilizar seu dinheiro não apenas para comprar sofás reclináveis e televisões gigantes, mas participações em negócios e imóveis.

Hospitais, restaurantes, bibliotecas, lojas e imóveis. Era possível adquirir cotas de todos esses empreendimentos dentro do jogo, desde que desembolsando recursos consideráveis, o que não era impossível com algumas semanas de jogo trabalhando e não gastando tudo – o que era contraintuitivo.

> *"Você pode comprar participações nessas empresas e empreendimentos, tornando-se sócio para receber parcelas de seus lucros."*

Ganhar dinheiro sem trabalhar? Comprando uma parte de negócios lucrativos? Só em jogo, mesmo! Depois de adquirir algumas parcelas desses negócios, fui surpreendido com depósitos recorrentes de recursos na conta do meu personagem. Seu saldo estava crescendo todos os meses, sem a necessidade de trabalhar.

Em pouco tempo pude, ainda dentro do jogo, adquirir mais negócios e, quanto mais o meu *alter ego* virtual adquiria participações, mais dinheiro ele ganhava, mesmo sem fazer nada. Qualquer amigo meu que visse aquela progressão no jogo certamente diria que trapaceei, mas não.

Talvez, para a maioria, aquilo tudo passaria despercebido, mas para mim não. Fiquei maravilhado. Durante essa época, inspirado pela minha nova descoberta dentro do jogo, com certa frequência me pegava pensando:

> – *Ganhar dinheiro sem trabalhar? Comprar pequenas partes de empresas e receber lucros delas? Isso é fantástico: é isso que eu quero fazer quando crescer!*

As aulas voltaram e não tive mais tanto tempo para jogar, mas as jogatinas daquele verão permitiram que uma semente valiosa, repleta de dúvidas, curiosidades e empolgação, fosse plantada em minha mente.

Acredite. Pode parecer bobeira – e talvez você até ache isso extremamente tosco –, mas essa foi a primeira experiência que tive com o conceito de renda passiva, mesmo sem saber exatamente o que isto significava.

A chance de mudar o jogo da vida real

Estudar, tirar boas notas, se formar, trabalhar, ser remunerado por este trabalho e consumir. Tudo isso eu já conhecia, mesmo tendo apenas 13 anos, pois era a vida dos meus pais, basicamente. Sabia que, até então, dificilmente algo diferente disso faria parte da minha história na vida adulta.

Isso era um pouco desanimador e, até essa época, me esquivei de pensar no que queria ser quando crescesse, justamente por tanto ouvir falar que a vida adulta era assim mesmo, repleta de trabalho, responsabilidades, contas a pagar e estresse. Porém, naquele verão, ainda muito jovem, após algumas reflexões, concluí que talvez, no futuro, algo diferente me esperasse. Porém, é claro que, para obter resultados diferentes, teria que realizar ações diferentes.

Não tinha a menor ideia de como fazer aquela simulação se tornar vida real. Utilizar o dinheiro para comprar negócios e receber os lucros deles era algo tão diferente e incrível que ficava difícil de acreditar que seria possível, ainda mais para um menino vindo de uma família pobre, que nunca teve ensinamentos financeiros.

Felizmente, meus pais nunca deixaram faltar comida na mesa e pude ter alguns lazeres como *videogames*, computadores e TV por assinatura, algo que era inimaginável para alguns dos meus colegas de turma.

Por outro lado, sempre estudei em escola pública, justamente pela falta de condições de meus pais para pagar uma escola privada. Em alguns momentos de minha infância, minha família passou por aperto financeiro. Além disso, nunca recebi mesada ou algo do tipo. Assuntos relacionados a dinheiro e investimentos não eram frequentes em nossa casa, apenas quando a conversa era sobre pagar contas.

Falando sobre dinheiro

Ao contrário de famílias ricas, em que os pais (muitas vezes empresários e profissionais bem-sucedidos) falam abertamente de dinheiro e desenvolvem a inteligência financeira de seus filhos desde cedo, na minha, bem como na grande maioria das famílias brasileiras, esse tipo de assunto era inexistente.

Por isso, até hoje referências externas são muito necessárias e, felizmente, elas estão se tornando cada vez mais amplas. Autores de livros, educadores financeiros, influenciadores, investidores bem-sucedidos e entusiastas têm cada vez mais dedicado parcelas relevantes de seus compromissos para passar conhecimento a terceiros, preenchendo parte dessa lacuna que ainda existe para um grande público.

Lá fora, em países desenvolvidos como os Estados Unidos, por exemplo, a educação financeira já foi amplamente propagada no passado, a tal ponto que é bem difícil que um jovem recém-formado ou em seu primeiro trabalho não saiba da importância de economizar uma parcela de seus ganhos e investir.

Muitos desses jovens falham em ter a disciplina necessária para, de fato, estudar o mercado de capitais e começar a investir, adquirindo participações em empresas e recebendo dividendos. Porém, em relação ao conhecimento básico, certamente a maior parte deles o recebeu de algum modo.

Em um país pobre como o Brasil, onde, conforme o IBGE, mais de 100 milhões de pessoas vivem com menos de meio salário mínimo por mês, é realmente difícil esperar que as pessoas consigam poupar ou se interessem por educação financeira.

No entanto, mesmo as classes mais altas são formadas majoritariamente por pessoas endividadas e que não poupam para a aposentadoria. A ausência de educação financeira é um problema sistêmico no Brasil.

Assim, não é de se surpreender que, mesmo um adulto, quando é confrontado com ideias e conteúdos relacionados a educação financeira e investimentos, fique espantado. Imagine, então, um jovem ou uma criança.

A semente germinando

Ideias e curiosidades surgiam na minha cabeça sobre aquela questão de comprar negócios e empresas:

> – *Será que, se eu oferecer algumas moedas para o dono da padaria da esquina, ele aceita me vender um pedaço do seu negócio? Se não der lucro, não tem problema. Ao menos terei pães garantidos.*

De fato, não tinha a ideia de como fazer aquilo, mas tinha uma vontade que começava a se solidificar: queria isso para mim. Colocar meu dinheiro para trabalhar. No entanto, assim como no jogo, sabia que essas possibilidades não cairiam do céu e nem era algo que eu poderia executar no curto prazo. Afinal, era uma criança que sequer podia trabalhar. Ainda assim, prometi para mim mesmo:

> – *Não sei como, mas quero ficar livre da obrigação de trabalhar antes dos 30 anos de idade.*

Pais empreendedores

Quando fiz 16 anos, comecei a ajudar meus pais em um pequeno restaurante que eles administravam no litoral gaúcho, apenas no verão. Auxiliava de todas as formas; tanto como caixa e garçom, como também na administração e contabilidade. Porém, era um trabalho apenas de verão. Não sabia muito bem o que queria profissionalmente, mas, enquanto tinha essa oportunidade, ia aproveitando para ajudar meus pais, mesmo sem ganhar nada, praticamente.

A maioria dos jovens da minha idade estava focada em passar no vestibular. Pensando no que cursar. Eu não sabia bem o que queria. Cursar quatro ou cinco anos de uma faculdade, de uma área de que sequer gostava? Não era algo que me agradava. Então, apesar de ser muito criticado, julgado e até mesmo inferiorizado por algumas pessoas, segui pensando no que queria para minha vida profissional.

Fui me acostumando com o ramo da alimentação, pois já tinha alguma experiência com o negócio. Estava até aprendendo alguns conceitos contábeis e pensando em maneiras de impulsionar o crescimento das nossas atividades.

Depois de meus pais terem vencido a licitação de um restaurante pequeno em uma escola de Porto Alegre, passei a dedicar um tempo maior a esse negócio. Minha ideia era torná-lo mais rentável, me desenvolver pondo a mão na massa e ainda juntar algum dinheiro.

Até então, nunca tinha visto nenhum dinheiro maior que R$ 100 na vida. As duas notas de R$ 50 que ganhei de uma tia, com dez anos de idade, eram o maior valor acumulado de patrimônio.

Porém, neste ponto comecei a receber um salário que representava um percentual dos lucros do comércio. Algo em torno de R$ 600 a R$ 800 de tempos em tempos. Tudo era variável, não muito diferente dos dividendos que as empresas pagam aos seus acionistas – com a diferença que eu trabalhava por eles.

Já havia lido o livro *Pai Rico, Pai Pobre*, de Robert Kiyosaki, mas faltava o dinheiro para investir. A partir daí, comecei a pensar melhor no que faria com aqueles recursos.

Reconheço que segui um caminho bem diferente. Um caminho cheio de julgamentos e críticas. Fui chamado de incapaz por muitas pessoas e folgado por outras, por não arranjar um emprego comum e sequer ter cursado uma faculdade na época. Tudo aquilo me servia de combustível para valorizar cada centavo do meu trabalho e provar, para mim mesmo, que conseguiria construir algo.

O medo propulsor

Comecei a estudar sobre investimentos depois que meu pai perdeu a principal fonte de renda da família, em 2008, e minha mãe teve que vender doces na rua para pagar as contas. Pensei que passaria fome. Esse ano foi bem difícil para nós, pois minha mãe havia sido diagnosticada com uma doença cardíaca e não estava sequer respeitando as orientações médicas de ficar de repouso, justamente por causa da falta de dinheiro.

As contas não paravam de chegar, meu pai não conseguia um emprego e eu, após algumas tentativas de envio de currículo, sequer fui chamado para alguma entrevista. Era uma situação de pânico. Não conseguia dormir direito; afinal de contas, estávamos prestes a ter a luz cortada e, possivelmente, não teríamos dinheiro nem para alimentação.

Felizmente, a cardiopatia que havia sido diagnosticada em minha mãe não se confirmou e ela estava saudável. Graças à sua grande dedicação e ao talento para as vendas, ela conseguiu ajudar a garantir o básico naquele momento difícil.

A partir dali, acabei tomando uma das decisões mais importantes da minha vida: de todo dinheiro que eu viria a ganhar, uma parte investiria e faria trabalhar para mim, assim como no jogo *The Sims*.

Muitas vezes murmuramos nesses momentos, mas é justamente nas dificuldades que podem ocorrer as maiores mudanças de nossas vidas. Por mais que situações como essas causem estresse, tristeza e angústia, pode ser disso que precisamos para despertar de fato, adotando uma postura diferente.

Possivelmente, não teria me tornado um investidor se não fossem essas dificuldades vividas pelos meus pais, que me incutiram o desejo de nunca mais correr o risco de acabar na miséria. Dificilmente estaria escrevendo esse livro, caso não tivesse acordado em meio a toda essa adversidade.

O medo de um dia poder acabar na miséria ou ver meus pais numa situação de grande dificuldade financeira foi o meu propulsor, que me fez prometer nunca mais sair gastando dinheiro de forma supérflua. Assim como os momentos de medo e adversidade na Bolsa trazem oportunidades, na vida também muitas vezes é assim.

Deslizes

Depois de todas as dificuldades passadas no ano anterior, 2009 foi melhor. Meus pais venceram a licitação de um negócio e pude efetivamente receber algum dinheiro mensalmente. Apesar disso, após alguns meses desligado dos livros, focado em coisas de que todo jovem gosta, como praia, verão, *skate*, festas, consumo e afins, fui desviado daquela mentalidade de poupador que estava consolidando e tive um grande deslize.

Durante uns poucos meses (felizmente), foquei muito no consumo. Comprava aparelhos eletrônicos, roupas, vestimentas, acessórios, entre outros. Por um tempo me esqueci de todas as dificuldades passadas no ano anterior e juntei-me ao time dos gastadores compulsivos.

Quando notei que meu limite de crédito do cartão de crédito estava totalmente consumido e as parcelas da fatura estavam comprometendo quase toda a minha renda, um sinal amarelo se acendeu. Recordei-me dos ensinamentos de Robert Kiyosaki, bem como da minha própria promessa de fazer o dinheiro trabalhar para mim.

Assim, esse deslize ligado a um consumo em excesso durante alguns meses, além dos alertas feitos pela minha mãe, me levou a me iniciar efetivamente no mundo dos investimentos e começar a poupar dinheiro, de fato.

Lembro-me de ter efetuado algumas contas na calculadora, sobre quanto poderia receber de juros mensalmente, caso tivesse determinadas quantias aplicadas. Cerca de R$ 20 mil na época, aplicados numa caderneta de poupança, renderiam R$ 100 por mês. Não era muito, mas eram R$ 100 que estaria recebendo sem fazer absolutamente nada. Isso era incrível. Era a aplicação efetiva das regras que Robert Kiyosaki havia ensinado em *Pai Rico, Pai Pobre*.

> *"Ricos acumulam ativos geradores de renda que colocam mais dinheiro nos seus bolsos. Pobres acumulam passivos que retiram dinheiro de seus bolsos."*

A própria caderneta de poupança, com todos os seus problemas e baixa rentabilidade, era um exemplo simples de ativo gerador de renda. Pensei, então, em como conseguir acumular R$ 20 mil. Não seria uma tarefa fácil, mas, através da disciplina de investir todos os meses, em algum momento conseguiria. Além disso, a rentabilidade da poupança na época, mesmo considerando a isenção de imposto de renda, não era das melhores. Precisava estudar mais sobre o tema e rentabilizar meu dinheiro de forma mais eficiente.

Numa tarde, pesquisando na Internet, encontrei um *audiobook* de Gustavo Cerbasi, denominado *Investimentos Inteligentes*. Esse livro me ajudou bastante, pois fortaleceu o *brainstorming* necessário para a mudança de mentalidade e tirou muitas dúvidas a respeito de títulos de renda fixa e previdência, além de ter, de maneira muito breve, me introduzido no mundo da renda variável.

Também fiz algumas outras leituras, como *O Homem Mais Rico da Babilônia* e, novamente, *Pai Rico, Pai Pobre*. Agora, estava decidido e motivado. Acumularia capital de forma consistente dali para a frente, e não mais cairia nas tentações do consumo desenfreado.

A primeira meta atingida

Valorize as pequenas metas atingidas e as pequenas quantias amealhadas. Elas são importantíssimas para você seguir em frente. Isso foi algo que sempre fiz, mesmo parecendo ridículo para muitas pessoas.

Ao final de 2009 atingi meus primeiros R$ 1 mil investidos. Foi uma felicidade. Afinal, por mais que esse dinheiro fosse muito pouco para a maioria, para mim, que nunca tinha tido mais do que R$ 100 ou R$ 200 no bolso da calça, era uma fortuna.

Senti que estava no caminho certo e a motivação para ir rumo aos R$ 2 mil, e depois para R$ 3 mil e mais, foi crescendo. Agora eu tinha R$ 1 mil trabalhando para mim, valor que adicionaria cerca de R$ 5 a R$ 6 todos os meses ao bolo. Eram as primeiras árvores frutíferas de um pomar que estava sendo criado e, apesar de ser pouco, para quem nunca tinha visto tal montante na vida, era um feito importante.

Valorize cada centavo do seu portfólio e lembre-se de que, a cada centavo ou real a mais que você obtém, em dividendos, juros, valorização ou aporte, mais rico você está ficando. Cuide bem de cada centavo para um dia poder cuidar de milhões. Esse é o espírito.

Os primeiros passos

Meu primeiro aporte foi com R$ 300 que ganhei da minha mãe, o qual direcionei a um clube de investimentos. Eu tinha 19 anos. Ela me disse na época:

> *– Se você gastar, terá que me devolver, mas se guardar e investir, fica para você.*

Ouvir aquilo serviu como um estímulo. Já estava estudando sobre investimentos, mas ainda estava com receio de dar aquele primeiro passo. Esse empurrão me ajudou.

Deixei o dinheiro durante uns três meses no clube e logo o resgatei. Àquela altura tinha uns R$ 2 mil, com novos aportes que havia realizado. Abri uma conta numa corretora e fui tentar começar a investir sozinho. O problema é que, no começo, senti que estava num navio à deriva.

Não sabia bem o que fazer. Pensava que o único caminho para ter sucesso na Bolsa era com *trades* – quando o sujeito compra algo esperando revender com lucro. Os primeiros *trades* até deram certo. Consegui ganhar um pouquinho. Aumentei meus R$ 2 mil para uns R$ 2,5 mil em menos de um mês. Porém, quando o tombo veio, me levou todo o lucro e mais um pouco.

Para piorar, toda essa história de *trade* estava arruinando com o meu estado psicológico. Sempre fui uma pessoa extremamente ansiosa e esse início com *trades* foi muito ruim, também, sob este aspecto.

Depois de passar um final de semana inteiro nervoso por ter colocado todo meu pequeno – mas suado – patrimônio em ações de uma *Microcap* em recuperação judicial e praticamente falida, na intenção de multiplicar rapidamente o patrimônio, e não passar nada bem aquele período, falei:

– *Chega!*

Se continuasse com aquilo, além de perder dinheiro, perderia totalmente minha saúde. Seria essa a única forma de ganhar dinheiro na Bolsa? Como aqueles senhores de cabelos brancos que vivem de dividendos e acumularam um grande patrimônio em ações conseguiram chegar a essa idade, com tanta adrenalina? Não era possível. Deveria haver algo que não estava entendendo.

Então, comecei a estudar mais a fundo a história de alguns grandes investidores e conheci, mais de perto, pessoas que viviam de dividendos ou tinham uma renda complementar com eles. Esses eram os investidores de longo prazo e, neste ponto, posso afirmar que o meu aprendizado realmente começou.

A crônica que rendeu dividendos

Algo que me motivou a adotar a postura de sócio e focar mais em dividendos foi uma crônica que contava a história de um pequeno investidor, recém-formado, que por conselho de seu avô decidiu poupar 20% de seu salário e destinar esse valor para ações.[1]

No início, Arnaldo começou destinando cerca de R$ 300 mensais e, conforme foi crescendo em sua profissão, conseguiu elevar gradualmente os aportes. Comprava ações da Vale (por sugestão do seu avô) todos os meses. Fizesse chuva ou fizesse sol. Às vezes pagava um pouco mais caro, às vezes pagava mais barato.

---

[1] A crônica "16 anos investindo na Bolsa. A história de Arnaldo, uma crônica motivacional" está disponível em: https://blogdoportinho.files.wordpress.com/2012/09/a-histc3b3ria-de-arnaldo.pdf.

Seus primeiros dividendos foram na casa dos centavos. Era desanimador, mas a disciplina do personagem Arnaldo era gigante e ele continuou comprando todos os meses ações da Vale, durante muitos anos. Arnaldo juntava os dividendos que entravam no bolo e comprava mais ações.

A certa altura, Arnaldo já estava recebendo por volta de R$ 900 em dividendos mensais. Ele percebeu que os centavos lá de trás, com sua disciplina e consistência, agora já haviam superado o volume médio de seus aportes históricos, algo em torno de R$ 400. Se continuasse assim, um dia poderia fazer seus dividendos se igualarem ao seu salário.

Arnaldo viu seu patrimônio derreter na crise de 2008 e também viu a Vale sofrer com a queda do minério após o ano de 2010, mas nada o abalou e ele seguiu em frente, tornando seus dividendos cada vez maiores.

Apesar de ser uma crônica, o texto mostra com números realistas e simulações que o pequeno investidor, com disciplina e foco, pode, sim, construir patrimônio na Bolsa e criar renda passiva ao longo do tempo.

Foi após a leitura desta crônica de Paulo Portinho que mudei realmente minha mentalidade na Bolsa e passei a ter um objetivo bem claro: fazer meus dividendos crescerem todos os anos.

Quase uma década após ter lido a crônica, posso afirmar: funciona, mesmo! Claro que não tive a rentabilidade brutal do Arnaldo, que concentrou os aportes em Vale, mas tive uma rentabilidade muito acima dos *benchmarks* e minha renda passiva média também já supera com folga a média dos meus aportes.

Sugiro a leitura com atenção dessa crônica que teve influência muito decisiva no início da minha trajetória.

Quem é autodidata estuda para sempre

Quando comecei a investir na Bolsa de Valores, não existiam tantos materiais (pagos ou gratuitos) de qualidade como hoje. Então, era uma missão bem mais difícil se aprofundar nessas questões, naquela época.

Lembro que fazia leituras de alguns artigos que encontrava pelo Google, muitos deles estrangeiros, que abordavam a análise fundamentalista, o *Valuation* e as análises de balanço. Entre as fontes nacionais, o INI (Instituto Nacional de Investidores), o *blog* O Pequeno Investidor e também alguns fóruns da Internet (entre eles o portal InfoMoney e a extinta rede social Orkut) concentravam muitas informações preciosas, com debates de alto nível.

A plataforma do *site* Fundamentus era outro espaço que concentrava informações de altíssima qualidade, que permitiam ao investidor comparar múltiplos das empresas, o histórico de rentabilidade, a lucratividade e outros pontos cruciais numa análise fundamentalista. Além disso, o *site* trazia muitas leituras interessantes, estruturadas em um compilado de artigos, grande parte deles retiradas de livros, com lições importantes de Warren Buffett e Benjamin Graham, dentre outros grandes investidores.

Por volta de 2011 realizei também a leitura do excelente livro *Investindo em Small Caps*, do meu amigo Anderson Lueders, com a qual pude aprender vários pontos essenciais na análise de balanços e análise de múltiplos.

Esse livro mostra casos reais e explicava de forma bastante didática e acessível as diversas questões importantes, usando como exemplos muitas das oportunidades que emergiram após a crise internacional de 2008.

Na época, as ações das empresas eram negociadas com descontos absurdos em relação aos seus valores patrimoniais e valores de liquidação, com *Yields* também muito elevados. Mesmo empresas bastante sólidas e saudáveis, que estavam com bastante liquidez e sem problemas de caixa, eram precificadas num cenário apocalíptico.

Naquele ponto, compreendi como os investidores mais experientes lidam com cenários de crise e a forma como eles enxergam as ações: não como *tickers* de negociações, mas como participações em empresas mesmo, que possuem patrimônio, capacidade de geração de riqueza, imobilizados e terrenos, dentre outros fatores.

Isso foi fundamental no meu desenvolvimento como investidor. Entretanto, o ponto que mais me auxiliou a aprender a analisar empresas foram as inúmeras leituras de *releases* e balanços, que comecei a fazer frequentemente.

Para cada um dos pontos que não compreendia nestes documentos oficiais, telefonava para as empresas e questionava o serviço de relações com investidores (R.I.) ou procurava em artigos e na literatura já produzida.

Além disso, como já possuía algum dinheiro (pequeno, mas importante para mim) alocado em algumas empresas, isso já me incentivava naturalmente a ter um grande interesse em aprofundar as análises e conhecer cada vez mais sobre aquelas empresas que possuía em carteira.

Por isso, é fundamental que o investidor alie a teoria à prática. Estar com a pele em jogo te obriga a acompanhar os ativos de sua carteira de forma mais cuidadosa, dedicando mais tempo que o habitual para conhecer as empresas e os fundos imobiliários do portfólio, além estudar novas oportunidades para alocar o capital de maneira eficiente. O investidor inteligente é um eterno aprendiz.

Os primeiros frutos

Posso afirmar, convictamente, que sou uma exceção. Mas não um caso de exceção que contou com a sorte extrema ou algo do tipo. Não ganhei na loteria, nem tive uma ideia brilhante de empreendedorismo. Considero-me uma exceção por justamente ter realizado processos que pouca gente tem a disciplina de realizar.

Sempre estudei em escola pública, em praticamente toda a minha infância. Sabemos que, no Brasil, quem estuda em escola pública geralmente tem grande desvantagem ao longo de sua vida.

Minha família sempre foi humilde e nada foi fácil para mim, nunca. É óbvio que, comparado com alguns outros colegas que tive no ensino fundamental, a minha condição de vida era razoavelmente boa, pois muitos deles não tinham o que comer, às vezes. Porém, ainda assim, se levarmos em conta o histórico da maior parte do pessoal que investe no mercado de capitais, há um bom tempo, certamente sou um ponto fora da curva.

Ter criado uma renda passiva que hoje poderia me manter (sem luxos, é claro) é a comprovação de que qualquer um consegue, não importa de onde venha. Basta ter muita vontade, foco e disciplina. Sou a prova viva de que a Bolsa é para todos, independentemente da origem de cada um.

Minha jornada começou com R$ 300 em 2009, fazendo aportes sequenciais que não passavam muito desse valor. Às vezes aportava até menos. Era o que dava. Não sabia quanto tempo seria necessário, só sabia que tinha que ter muito foco e disciplina. E, claro, não deixar me abater com críticas de terceiros. Ouvia gente falando que eu era um sonhador, que vivia de ilusões. Coisas como:

> – *Viver de dividendos é só pra quem tem muita grana, cai na real!*

– Esqueça essa baboseira.

– Pare de delirar.

Tive alguns períodos de desânimo ao longo do caminho. Pensei em desistir. Os dividendos eram minúsculos: por vezes eram apenas na casa dos centavos. Não dava para comprar nem mesmo um cafezinho.

Cheguei a pensar que talvez fosse melhor usar aquele dinheiro para outra coisa e esquecer esse negócio de Bolsa. Mas cada leitura que fazia sobre quem já havia chegado lá – especialmente as entrevistas com o investidor Luiz Barsi Filho – era uma injeção de ânimo que me fazia voltar ao foco.

– Foco no dividendo e nas empresas, olhe menos para o patrimônio – eles diziam.

Passei, então, a acompanhar meus dividendos mês a mês e ano após ano, para não desanimar e continuar fazendo-os crescer. Mesmo eles sendo pequenos.

Já em 2015 tive a grata surpresa de ver que havia recebido dividendos que poderiam pagar boa parte das minhas contas. Pouco? Para maioria, sim. Mas eram os frutos da minha árvore de dividendos começando a amadurecer. Ali tive certeza de que tudo valeu a pena e, claro, segui em frente, pois sabia que o caminho ainda seria longo.

Por mais que você não tenha muito e só possa economizar pouco, siga em frente. A árvore demora para crescer e frutificar, mas uma hora você verá os frutos da sua escolha.

É claro que, quando falamos de Brasil, mesmo R$ 300 acaba sendo muito dinheiro para muitos – uma quantia difícil de ser poupada. Infelizmente, não há como orientar uma pessoa que ganha entre R$ 400 a R$ 500 a investir, afinal de contas, essa renda mal consegue suprir o básico de suas necessidades vitais. O Brasil é um país pobre e apenas um longo ciclo de crescimento econômico, a partir de reformas estruturais, pode mudar essa dinâmica.

Por outro lado, existem muitas pessoas que teriam plenas condições de investir, ainda que pouco, mas não o fazem, por não terem o conhecimento necessário ou simplesmente por ignorar essa possibilidade. Para essas pessoas, recomendo que apenas comecem, com aquilo que for possível.

Gradualmente, com o passar do tempo, é possível que elas se desenvolvam profissionalmente, ganhem mais e passem também a economizar mais, acelerando suas jornadas.

Além das notas escolares

> *"Eu falhei em algumas provas. Meu colega passou em todas. Hoje ele é engenheiro da Microsoft, e eu o dono."*
> – Bill Gates

Essa frase, supostamente atribuída ao Bill Gates, deixa uma mensagem implícita muito bacana: a de que não é o desempenho curricular que define o sucesso ou fracasso de alguém.

Por mais que a sociedade tente te crucificar e você vire piada na roda de "amigos" ou parentes – por você ter reprovado na escola, tirado algumas notas ruins ou não ter passado naquele vestibular badalado, que seria o "portal milagroso para o sucesso" –, não deixe que isso te desmotive nem vire uma barreira para ir atrás de seus objetivos, não importa quais eles sejam.

Já fui "detonado" por muita gente, por ter reprovado na escola (sim, eu reprovei na antiga oitava série do ensino básico) e por não ter feito faculdade pública. Algumas dessas pessoas me condenavam ao fracasso.

> *– O que será desse cara?*

Afinal, para algumas pessoas, se você não foi um bom aluno, nem tirou excelentes notas, você jamais terá sucesso na vida. Elas foram treinadas a vida inteira para acreditar na relação direta entre esses fatores, e a vida delas se baseia nisso.

Sabemos que, na prática, nem sempre é assim. Bem ao contrário. O que determina o sucesso de uma pessoa vai muito além de suas notas na escola, ou mesmo do fato de cursar (ou não) uma faculdade.

Na maioria das vezes, quando uma pessoa tira notas ruins na escola ou reprova em alguma matéria, significa apenas que ela não teve interesse naquele assunto. Isso não deve ser um impeditivo para ela explorar seus talentos, quase sempre desvalorizados pela escola, e ir atrás de seus sonhos.

Muito mais valiosas que suas notas na escola são a sua disciplina, sua capacidade de manter o foco e sua vontade de atingir objetivos, custe o que custar. Estes fatores, juntos com a educação financeira, geram os melhores resultados no longo prazo.

– Eu não falhei com a escola, foi a escola que falhou comigo.

A encruzilhada

Você tem basicamente dois caminhos:

- Depender apenas do INSS e receber provavelmente um ou dois salários mínimos lá pelos 65 anos de idade, como a maioria das pessoas.

- Acumular ações de empresas e cotas de fundos imobiliários, durante décadas, para obter uma renda digna e um belo patrimônio na aposentadoria.

Qual caminho você escolhe?

Já fiz minha escolha há mais de dez anos: montar um portfólio de ativos geradores de renda passiva, aportando todos meses e reinvestindo os dividendos.

Basicamente, meu sonho desde o início era formar uma *"mini holding"* com pequenas participações em inúmeros negócios, desde prédios, galpões logísticos e *shoppings*, até bancos, empresas de energia elétrica e seguradoras.

Era apenas um jovem de 20 anos, com pouca capacidade de fazer aportes, mas com muita vontade e disposição. Isso não foi um impeditivo e, mesmo com pouco (R$ 300 por mês), comecei.

Muitos querem esperar ter mais dinheiro ou ganhar mais para começar a investir. Isso provavelmente fará com que você nunca invista, pois não criará o hábito. Assim, comece o quanto antes e da forma que for possível, da mesma forma como eu fiz. Depois você vai se aperfeiçoando.

Com o passar do tempo, aos poucos fui alimentando minha pequena *holding* com aportes e reinvestindo todos os dividendos, expandindo minha coleção de ativos e participações. Dez anos depois, já vejo os bons frutos da minha disciplina e dedicação.

Pare de pensar que você precisa ser rico ou um gênio para investir. Ter disciplina, paciência e uma fonte de renda (ainda que pequena) é o suficiente para você chegar aonde talvez jamais tenha sonhado.

A renda passiva não é uma quimera

Desde 2010 ouço que viver de dividendos é ilusão. Decidi estabelecer a meta de provar o contrário. Dez anos depois de ter começado a investir em renda variável, ainda não vivo de dividendos, mas, se quisesse, poderia pagar todas as contas apenas com os proventos recebidos. Estou cumprindo o objetivo.

Em 2011 recebi dividendos de TRPL4 (ISA CTEEP – Companhia de Transmissão de Energia Elétrica Paulista). Cerca de R$ 20. Fiquei super feliz. No outro dia, fui contar para alguns "amigos" na Internet sobre os dividendos, e eles tiraram onda com a minha cara. Disseram que eu era um lunático em pensar que um dia teria uma renda decente com isso. Aquilo me desmotivou um pouco, mas segui em frente.

Independentemente do que eles pensavam, sabia que, se continuasse aportando com regularidade, mesmo que um pouco por mês, uma hora esse bolo ia começar a crescer. Tinha certeza disso.

Receber R$ 20 de dividendos era realmente pouco. E se esses dividendos chegassem a R$ 100, R$ 200? Com um capital de uns R$ 30 mil eu provavelmente conseguiria essa renda. Foi ali que passei a mirar nesta meta. Ela não estava perto, mas sabia que dava.

Parei de ficar contando minhas coisas para os outros e foquei no meu objetivo. Os disciplinados e pacientes são recompensados no mercado e, já em 2012, minha renda passiva média mensal atingiu mais de R$ 200. Então, percebi que estava, definitivamente, no caminho certo.

A zona de arrebentação

Em 2011, com um ano de mercado, minha carteira ficou no vermelho. Cheguei a ficar com 15% de prejuízo. Já em 2020, mesmo depois da queda provocada pela pandemia do Coronavírus, minha carteira teria que cair 50% para eu começar a ficar no prejuízo. Após a zona de arrebentação, o mar é bem mais calmo.

Você ficou no negativo? Ou seja, com menos dinheiro do que colocou na Bolsa? Não se preocupe, é absolutamente normal no começo da jornada. Em 2011, o Ibovespa teve uma queda relevante, que também me colocou no prejuízo. Na época fiquei preocupado, naturalmente, mas segui firme e continuei comprando mais e aos poucos, sempre reinvestindo dividendos.

Em janeiro de 2016, o Ibovespa caiu para apenas 37 mil pontos e novamente fiquei no prejuízo. Estava com uns 5% a menos do que todo o valor que havia alocado na Bolsa.

Entretanto, naquele momento, as oportunidades eram tantas – e era tanta coisa de graça – que estava era animado por saber que poderia comprar tanta coisa a preço de nada. Infelizmente, minha capacidade de aportes naquele momento era limitada, mas tentei comprar o máximo possível.

Então, se você começou há pouco tempo e está no prejuízo, mesmo tendo comprado empresas e FIIs com bons fundamentos, não se preocupe. Aproveite o momento para reduzir preço médio de suas aquisições e para aumentar seu número de ações e cotas, o máximo que puder.

Em dez anos, com reinvestimentos de dividendos constantes e aportes consistentes, não tenho dúvidas de que, mesmo que uma queda fortíssima ocorra, será praticamente impossível você ficar no prejuízo. É a partir daí que você supera a zona de arrebentação e passa a navegar despreocupado.

Quanto mais velha sua carteira previdenciária fica e mais dividendos você reinveste, mais difícil se torna para você voltar a operar no vermelho, ou seja, ter menos dinheiro do que aportou (nominalmente). Essa é a magia dos juros compostos e da estratégia de investimento em dividendos.

Subindo de patamar

Ao final de 2013, após quase quatro anos de investimento na Bolsa, eu recebia cerca de R$ 300 em dividendos por mês. Não era muito, mas já me permitia comprar três cotas de um FII de R$ 100 ou dez ações de R$ 30, sem tirar nada do meu bolso. Ali tudo começou a fluir.

R$ 300 por mês em dividendos médios, considerando o valor recebido durante o ano. Miséria para muita gente. Piada para outros. Mas para mim, na época, era motivo de alegria. Afinal, já era o valor dos meus primeiros aportes mensais caindo na minha conta. Era o dinheiro produzindo mais dinheiro: a prova viva de que a minha estratégia estava dando certo. Se em 2010 eles eram poucos reais, às vezes centavos, ver essa renda tomar forma era estimulante.

Metas intermediárias

Se suas metas hoje parecem impossíveis e você desanima, em vez de abandoná-las ou desistir, experimente fracioná-las. Se sua meta é ter um dia R$ 1 milhão e você hoje não tem nada, comece focando em R$ 1 mil, depois R$ 10 mil, R$ 50 mil, e assim por diante. Dessa forma, tudo fluirá melhor.

Se você estabelecer uma meta muito alta logo de cara, isso pode te desanimar, ao invés de motivar. Lembro que, quando juntei meus primeiros R$ 10 mil, já estava pensando nos R$ 100 mil. Fiquei desanimado.

Afinal, queria atingir "apenas" dez vezes o valor que já tinha alcançado. Era desmotivador. Mirei então nos R$ 20 mil que, considerando os aportes, mais a valorização e dividendos, se tornaram um objetivo bem mais tangível. Depois fui mirar nos R$ 30 mil, R$ 50 mil, e assim por diante.

No final das contas, fracionando suas metas, você vai expandindo gradualmente seu patrimônio e se mantendo motivado para ir cada vez mais longe. Quando menos você esperar, já terá um valor que talvez nunca imaginasse conseguir.

Desovando um passivo

Em 2014 vendi um Playstation 3, que nem estava usando tanto, por R$ 600, visando comprar mais cotas de FIIs e ações de empreses. Com isso, aumentei minha renda passiva em torno de R$ 4 por mês. Pouco? Mas era um passo a mais na jornada. Foco e determinação é isso. É clichê repetir, mas com foco você vai longe.

Seis anos depois, estimo que os R$ 600 investidos se tornaram uns R$ 1.200, sem contar todos os dividendos recebidos no período. É claro que, se eu gostasse o suficiente do *videogame*, não faria isso.

O equilíbrio é importante, mas naquele momento era o que devia ser feito, no meu entender. E para continuar jogando? Eu utilizava o PC – o bom e velho "computador de mesa", que é onde mais gostava de jogar, inclusive.

Livros que libertam

> *"Cada real economizado e bem investido é um servo que trabalhará para você por toda sua vida."*
> – Algamish (personagem criado por George S. Clason)

Essa afirmação, retirada da obra *O Homem Mais Rico da Babilônia*, resume em poucas palavras a forma como as pessoas que desenvolveram a inteligência financeira lidam com o dinheiro. Faça do dinheiro sempre o seu servo, e nunca o seu senhor. Quando você compreende que o dinheiro pode trabalhar para você, tudo muda. Ao menos foi assim comigo.

Ao longo da minha vida, especialmente na adolescência, quando tinha algum dinheiro na mão a minha prioridade era sempre gastá-lo. Para mim, naquela época, o dinheiro só servia para gastar e a única forma de ganhá-lo era trabalhando. Afinal de contas, foi isso que me ensinaram a vida inteira:

> *– Dinheiro é uma moeda de troca que você entrega para adquirir um prazer ou objeto de desejo.*

Ficar rico? Pensava que era ilusão. Acreditava que só pessoas desonestas ou detentoras de um talento descomunal conseguiam enriquecer. Porém, tive a sorte de me deparar com alguns livros reveladores, como os já citados *Pai Rico, Pai Pobre* e *O Homem Mais Rico da Babilônia*, que mudaram totalmente minha visão e, consequentemente, a minha vida.

Esses livros hoje em dia estão disponíveis a preços acessíveis nas versões digitais (*e-books*) e o valor que eles podem agregar na vida de alguém é inestimável. Não fossem essas leituras, junto das dificuldades enfrentadas, dificilmente teria virado a chave da minha condição mental.

Afinal de contas, a sociedade como um todo nos treina para acreditar que enriquecer é muito difícil – viável apenas para uma minoria extremamente talentosa ou que nasceu em berço de ouro. Felizmente, isso não é verdade. Não que seja fácil, mas é plenamente possível.

Desde que mudei minha forma de ver o dinheiro, a minha prioridade passou a ser uma: colocá-lo para trabalhar para mim. No começo foi difícil, mas com o tempo fui criando o hábito e tudo foi ficando mais suave.

Se você hoje ainda trabalha pelo dinheiro, te convido a tentar virar esse jogo. De cada real que você receber, separe uma parte e invista, fazendo-a trabalhar para você. Com o tempo, você deixará de servir ao dinheiro e o dinheiro passará a te servir.

Deste modo, você estará apto para assumir a trajetória do enriquecimento gradual, que te permitirá ter a tranquilidade com que sempre sonhou, lá na frente.

Três décadas em sete anos

Quando atingi um salário mínimo em dividendos, quase estourei uma garrafa de champanhe. Por mais que seja miséria para a maioria, já era um valor que me ajudaria a pagar várias contas e despesas. Foi uma conquista para mim.

Um salário mínimo de renda passiva mensal: o equivalente ao que muitos brasileiros recebem de aposentadoria após 35 anos de contribuições para o INSS. Para mim, foi uma enorme conquista, um motivo de comemoração. Especialmente pelo valor simbólico que essa renda tem.

Afinal de contas, é o que a maior parte dos aposentados ganha e também é o valor recebido por uma parte expressiva dos trabalhadores brasileiros.

Ter atingido esse valor em sete anos de investimentos (antes de ingressar na Suno Research, em 2017) só me deu força e motivação para seguir em frente e ter a certeza de que estava no caminho certo. É muito bom quando vemos os frutos de nosso trabalho e também de nossa disciplina. É revigorante.

Aumento gradativo da renda passiva

Recomendo que você use algum aplicativo ou monte uma tabela num programa de planilhas, como o Excel, para acompanhar a evolução anual dos seus dividendos. Fazer isso ajuda muito o investidor. Ver os dividendos crescendo, ano após ano, só dá motivação para você seguir em frente e saber que está no caminho certo.

No início da próxima página está um gráfico de evolução dos meus dividendos. Vocês não têm noção de como observá-lo é instigante.

É motivador saber que os centavos que recebia lá atrás se multiplicaram. A sensação que tenho é como se tivesse plantado uma semente lá atrás e ela estivesse se tornando uma bela árvore frutífera. Dá orgulho de ver. Isso me faz querer trabalhar mais para poder aportar mais e acelerar o processo.

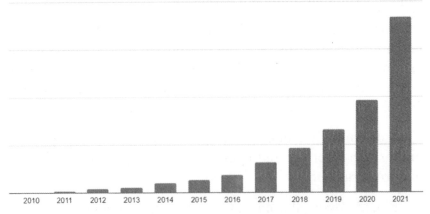

Gráfico com a evolução anual do recebimento de dividendos entre 2010 e 2021.

Reconfigurando as grandes metas

No momento em que escrevi este livro, com 31 anos recém-completados, poderia me dar ao luxo de parar de trabalhar e passar a viver apenas com a renda passiva gerada pela minha carteira de ativos.

Aquele sonho antigo, de quando tinha apenas 13 anos, quando me encantei com a possibilidade de poder comprar pedacinhos de empreendimentos – lembra? Aos poucos, tornei-o realidade.

Após mais de uma década acumulando ativos de boas empresas e bons fundos imobiliários – e reinvestindo os dividendos –, cheguei ao ponto em que a minha coluna de ativos é capaz de custear meu padrão de vida atual.

Num país em que grande parte da população se aposenta com mais de 60 anos – na maioria das vezes, recebendo um salário mínimo –, isso pode realmente soar chocante e até ofensivo para algumas pessoas.

Como isso foi possível?

Além da disciplina de investir desde meus 20 anos de idade, sendo paciente e reinvestindo todos os proventos, há um ponto fundamental nessa questão, que infelizmente pode não se adequar à realidade de todos: a simplicidade.

Meu padrão de vida não é elevado e não sou apegado a luxo. Pelo contrário, sempre fui uma pessoa simples e tirei proveito disso. Quando minha renda ativa foi crescendo como reflexo de meu desenvolvimento profissional, além da própria vazão crescente dos dividendos, o meu padrão de vida não se elevou na mesma proporção. Deste modo, os meus aportes foram gradualmente sendo elevados, possibilitando um efeito relevante de crescimento da renda passiva.

Particularmente, nunca busquei a independência financeira para ostentar carrões, roupas de marcas e objetos de luxo. Quem me acompanha nas redes sociais já percebeu isto. Meu foco sempre foi a liberdade e a tranquilidade. Também não tenho filhos e sei que, caso tivesse, certamente precisaria de mais alguns bons anos de aportes para garantir o padrão de vida de meu núcleo familiar.

Talvez o seu padrão de vida seja mais alto que o meu e você precise de mais renda do que me basta. Mas não deixe que isso te desanime, pois você também pode conseguir atingir suas metas. Ademais, por mais que os dividendos não se tornem sua principal fonte de renda no futuro, se eles se tornarem um complemento de renda, já será algo muito positivo.

Quem não gostaria de, ao chegar na terceira idade, ter não apenas a renda oriunda da previdência social ou privada, mas também uma renda interessante com origem nas inúmeras participações societárias acumuladas ao longo de uma vida de trabalho?

Certamente isso resolveria o problema de muita gente ou, no mínimo, ajudaria bastante. Tenho convicção de que, gradualmente, com a manutenção de um trabalho sólido de educação financeira e da propagação da filosofia de investimentos de longo prazo através das redes sociais e de veículos de comunicação, cada vez mais veremos pessoas adquirindo ações de empresas e cotas de fundos imobiliários para, deste modo, receber dividendos em conta.

Inclusive, posso afirmar que é justamente esta esperança de ver cada vez mais pessoas formando uma renda passiva na Bolsa, através da estruturação de uma carteira previdenciária, que me mantém na ativa, distante da vontade de me aposentar.

Em função de minha colaboração com a Suno desde 2017, frequentemente recebo depoimentos de pessoas simples, que não ganham muito, mas que, ao se depararem com meus textos e minha filosofia de investimentos, conseguiram virar a chave, passando de endividados a recebedores de dividendos. Isso não tem preço.

Tenho grande prazer em meu trabalho e o impacto que ele gera na vida de milhares de pessoas me faz querer continuar. Enquanto estiver sendo produtivo, tendo disposição para o trabalho e para a criação de valor para a sociedade, sem que minha saúde seja prejudicada por esta rotina, não vejo motivos para me retirar do mercado de trabalho.

Na minha visão, conquistar a independência financeira não significa pendurar as chuteiras e viver por aí viajando e curtindo a vida. Conquistar a independência financeira é ter a tranquilidade de saber que, caso você tenha vontade, pode reduzir o ritmo de trabalho ou mesmo parar de trabalhar, se o ofício deixar de ser uma fonte de prazer. Essa flexibilidade é o que há de mais valioso nisso tudo.

Invista até que o trabalho se torne uma opção, e não mais uma obrigação. Essa é parte da minha filosofia.

II – VÁ ALÉM DA RENDA FIXA

Você é apenas um poupador ou é também um investidor?

Poupar é um ótimo passo inicial e, sem criar esse hábito, o investidor não vai para a frente. Eu mesmo, no início, cheguei a fazer alguns aportes na caderneta de poupança, na época em que ela ainda pagava algo próximo de 0,55% ao mês (nominais).

Porém, não adianta: se você quer um dia enriquecer e viver de renda, precisa investir, além de poupar. Você não chegará aonde ninguém esteve fazendo o que todos fazem.

Muitos confundem o ato de poupar com o ato de investir, mas você precisa entender essa diferença, se deseja um dia viver de dividendos.

Enquanto o poupador apenas faz economia de parte de sua renda mensal, destinando esses valores para uma caderneta de poupança ou mesmo para o porquinho de casa, o investidor destina os recursos acumulados para participar de grandes projetos e empreendimentos, visando colher parte proporcional de seus resultados.

Esses projetos podem estar dentro de empresas (ações) ou empreendimentos imobiliários (FIIs). No fim das contas, eles tendem a se valorizar de forma expressiva no longo prazo, pagando bons dividendos, resultando numa rentabilidade muito maior.

Por isso, enquanto um poupador que guarda dinheiro todo mês na caderneta de poupança acaba tendo retornos reais negativos ou muito baixos, o investidor multiplica seu patrimônio e o faz gerar uma bela renda.

O receio da renda variável se combate com conhecimento e prática

Se você já adquiriu o hábito de poupar, mas ainda tem medo de se tornar um investidor, não há problema. Comece com pouco e vá se acostumando. Com o tempo, você estará totalmente confortável em ter ações e FIIs na sua carteira. Investir mensalmente nesses ativos será tão simples quanto guardar moedas no cofrinho.

Optar por fundos imobiliários e ações que pagam bons dividendos é uma boa estratégia para se acostumar com a Bolsa, enfrentando menor volatilidade, até ir pegando o jeito. Dificilmente você perderá o sono começando a investir dessa maneira.

Pense que o importante é começar, pois, mais do que nunca, sair da renda fixa é extremamente necessário.

Dinheiro parado não move moinho

Ao final de novembro de 2019, os brasileiros tinham mais de R$ 820 bilhões na caderneta de poupança, um enorme volume de capital que basicamente é corroído pela inflação e entrega um retorno negativo ou próximo disso a esses poupadores. Para termos uma ideia dessa magnitude, o montante estacionado nos bancos é maior que a soma do valor de mercado da Petrobras, Ambev, Itausa e Lojas Renner.

Esse dado demonstra que, apesar dos recentes avanços em termos de educação financeira, além da democratização da informação e do mercado de capitais, o trabalho a ser feito ainda é gigante.

É utopia pensar que todo esse valor irá para o mercado de ações ou outros investimentos mais rentáveis, mas, se uma parte for alocada em ações de boas empresas, outra em bons fundos imobiliários e também no Tesouro Selic, já representará uma enorme evolução.

Você precisa aprender a investir em ativos mais rentáveis, se preza pelo seu suado dinheiro e valoriza seu próprio trabalho. Minha recomendação é começar a direcionar seus recursos, que estão estacionados na poupança, para formar uma carteira previdenciária de ações e fundos imobiliários.

Hoje em dia, com corretoras que sequer cobram taxas, fazer uma migração gradual de recursos e investindo pouco (por meio do mercado fracionário, por exemplo) ficou viável.

Não tenha medo: montando uma carteira de fundos imobiliários e empresas de dividendos, você consegue ter um portfólio com menos volatilidade, menos risco e boa rentabilidade, para molhar os pés na renda variável sem se assustar.

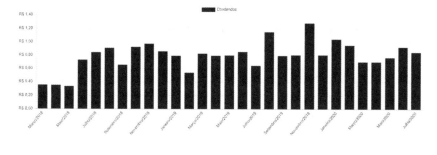

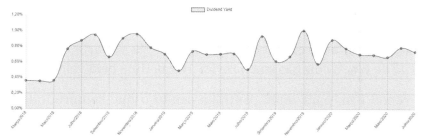

Gráfico com a evolução da distribuição de dividendos e do *Dividend Yield* do IRDM11 entre março de 2018 e julho de 2020, quando o FII em questão pagou R$ 0,85 por cota, o equivalente a 0,73% de rentabilidade sobre o valor da cota (fonte: https://www.fundsexplorer.com.br/funds/irdm11 – *link* acessado em 02/09/2020).

Os dividendos podem ganhar dos juros da renda fixa

A caderneta de poupança e o Tesouro Direto podem ser uma boa porta de entrada para investidores e ser importantes para ajudar no hábito de investir, mas, se você quer viver um dia de renda e receber dividendos, só mesmo indo para a renda variável.

Como fica nítido na ilustração da página anterior, apenas em dividendos o IRDM11(FII Iridium Recebíveis Imobiliários) pagou mais que o dobro da poupança e quase o dobro do Tesouro Selic. Somente em julho de 2020, o *Dividend Yield* do IRDM foi de 0,73% – mais de três vezes superior ao Tesouro Selic e cinco vezes o desempenho da caderneta de poupança, no mesmo período.

Além dos dividendos, ainda há todo o potencial de valorização das cotas ou ações, que faz com que esses investimentos, apesar de mais voláteis, ofereçam também um potencial de retorno muito maior no longo prazo.

Imagine que você comprou uma ação que tem um *Yield* de 6%, que paga R$ 0,60 ao ano e custa R$ 10. Daqui a cinco anos, se essa empresa estiver pagando R$ 1 ao ano por ação, o seu *Yield on Cost* não será mais de 6%, mas sim de 10%.

Obviamente, se essa companhia evoluir em seus lucros e dividendos, as cotações também terão evoluído de forma relevante, gerando um belo ganho de capital. Para ela voltar a ter aquele *Yield* de 6%, a cotação iria para R$ 16,60. Uma bela valorização.

A renda fixa, para mim, continua sendo o que sempre foi: um local para estacionar os recursos quando não existem oportunidades ou para reserva de emergência.

III - MOTIVOS PARA INVESTIR EM AÇÕES

Investir em ações costuma assustar a maior parte das pessoas, que logo relacionam o mercado de capitais a um grande cassino, uma arena muito arriscada em que apenas os mais ágeis, mais bem informados e habilidosos se dão bem, enquanto a maior parte perde parcelas valiosas de suas suadas economias.

Essa visão se deve, geralmente, a uma falta de cultura de investimentos em renda variável no país, além de um baixo conhecimento por parte das pessoas sobre como realmente funciona a Bolsa de Valores e qual o seu real propósito, acreditando que a única estratégia viável no mercado é a de comprar e vender ações no curto prazo.

Muita gente também acredita que o mercado de ações é apenas para quem tem muito dinheiro, o que não é verdade, visto que, através do mercado fracionário e com corretoras que oferecem taxas cada vez menores, o investidor consegue adquirir ações com menos de R$ 500, por exemplo. De qualquer forma, esse mito também acaba afastando o interesse de muitas pessoas no mercado.

Além disso, como o Brasil sempre foi um país de juros elevados, os poucos poupadores do país sempre preferiram alocar seus recursos em renda fixa, afinal de contas, qual seria o motivo para se arriscar em ações, se era possível ganhar com mais segurança em renda fixa?

Esses fatores acabaram por afastar as pessoas da Bolsa de Valores ao longo do tempo e, por volta de agosto de 2020, o Brasil possuía pouco menos de três milhões de investidores cadastrados na B3, o que equivalia a cerca de 1,4% da população. Nos Estados Unidos, por exemplo, mais de 50% da população investe em ações, o que se traduz em mais de 160 milhões de investidores.

Podemos afirmar, então, que a penetração do mercado de ações brasileiro na população é extremamente baixa. Essa realidade pode mudar, conforme a população tenha entendimento do real propósito e das vantagens de investir em ações com foco no longo prazo, assumindo a postura de sócio, com vistas a receber a devida participação em seus resultados.

Por conta disso, para trazer maior entendimento para as pessoas em relação ao investimento em ações, apresento a seguir alguns dos principais motivos que deveriam ser considerados por qualquer investidor que pensa em negociar na Bolsa.

Ações entregam retornos muito maiores, no longo prazo

Ao redor do mundo, em especial em países desenvolvidos, investir em ações sempre foi a opção mais rentável e inteligente para construir patrimônio no longo prazo, apesar de alguma volatilidade no curto e médio prazo – o que não anula, porém, o ótimo desempenho geral.

O estudo *Triumph of the Optimists* ("Triunfo dos Otimistas", em tradução livre), de Elroy Dimson, Paul Marsh e Mike Staunton, professores da London Business School, publicado em 2003, avaliou o retorno do mercado acionário em comparação com investimentos em instrumentos de dívida num período de até 100 anos. O resultado mostrou o que já era esperado: o investimento em ações foi muito mais rentável.

Nos Estados Unidos, por exemplo, o investimento em ações gerou um retorno de cerca de 6,3% ao ano em termos reais (livres de inflação) no período de 1900 a 2000, enquanto o investimento em títulos públicos (*bonds*) entregou um retorno de menos de 2% ao ano em termos reais.

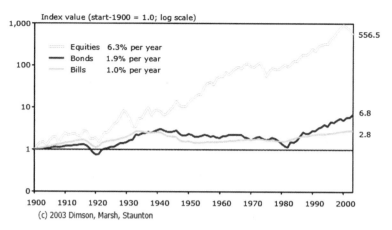

Gráfico com a evolução do mercado acionário (linha superior) dos Estados Unidos entre 1900 e 2000, em comparação com os títulos públicos e letras do Tesouro Americano (fonte: Elroy Dimson, Paul Marsh e Mike Staunton, em *Triumph of the Optimists: 101 Years of Global Investment Returns*).

Essa tendência também pôde ser observada em outros mercados, como Suíça, Espanha, Irlanda, Dinamarca, Reino Unido, Itália, África do Sul, Austrália, dentre outros.

O estudo ainda demonstra que, em todos os países analisados, o desempenho das ações num período de cerca de 100 anos foi sempre positivo em termos reais e que, em períodos de curto prazo ou poucos anos, distorções podem ocorrer, tanto positivamente, quanto negativamente.

No longo prazo, porém, ações sempre são as melhores opções de investimento.

Já no Brasil, é comum pessoas e veículos de comunicação afirmarem que a Bolsa de Valores sempre apresentou uma performance muito pior que a renda fixa, o que reforçaria a ideia de que não faz sentido investir em ações.

Isso, de fato, tem uma parcela de verdade, quando olhamos para determinado período e quando consideramos apenas o Ibovespa, ainda mais por conta dos juros bastante elevados que o país já teve, com taxas que superavam os 30% ao ano.

Ademais, como a carteira teórica do Ibovespa possui inúmeras empresas altamente problemáticas, endividadas e cíclicas, o seu resultado naturalmente acaba sendo prejudicado, dando também a impressão de que o mercado de ações é menos atrativo que a renda fixa.

A OGX, por exemplo, uma empresa extremamente endividada, pré-operacional, que não gerava lucros nem caixa, chegou a ter mais de 5% de participação no índice Ibovespa, o que acabou prejudicando muito o desempenho desse índice quando suas ações caíram de forma significativa. A OGX é uma prova de que o Ibovespa não possui filtros qualitativos.

Quando comparamos, no entanto, o desempenho de ações de empresas consolidadas, lucrativas, com boa geração de caixa e boa saúde financeira, vemos um cenário totalmente diferente do que habitualmente se propaga.

Quando analisamos as ações do Bradesco, um dos maiores bancos do país, vemos que o retorno dos ativos desde 1995, considerando os dividendos e o seu reinvestimento, foi simplesmente muito superior ao CDI.

Gráfico com a evolução das ações do Bradesco (linha superior) em comparação com o CDI acumulado (linha intermediária) e o Ibovespa (linha inferior) no período entre 1995 e 2017 (fonte: Suno Research / Economatica).

Caso um investidor tivesse aplicado R$ 100 em ações do Bradesco em 1995 e reinvestisse os dividendos, em 2017 teria quase R$ 12 mil, contra pouco mais de R$ 3,5 mil do CDI.

O desempenho das ações da Ambev também é uma prova de que, optando por boas e lucrativas empresas, o investidor obtém um retorno muito mais expressivo no longo prazo.

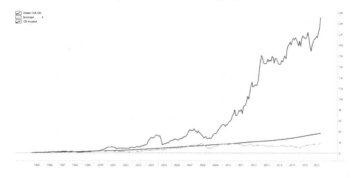

Gráfico com a evolução da Ambev (linha superior) em comparação com o CDI acumulado (linha intermediária) e o Ibovespa (linha inferior) no período entre 1995 e 2017 (fonte: Suno Research / Economatica).

Esse desempenho de ações que superam tranquilamente o CDI, mesmo em um período de juros extremamente elevados, ainda pôde ser observado em inúmeros ativos de empresas como Itaú, Itaúsa, Vale, Ultrapar, Lojas Renner, Guararapes, Klabin, CSN, Panvel, Raia Drogasil, Lojas Americanas, Hering, Gerdau, entre outras.

Brasil e América Latina possuem grande histórico de calotes

É comum ouvir investidores e integrantes da mídia falarem que a renda fixa é muito mais segura que o mercado de ações, pois, afinal de contas, nenhum devedor seria melhor que o Estado brasileiro. Porém, quando avaliamos o histórico de calotes do Brasil, ou mesmo de países da América Latina, vemos que a história não é bem assim.

Historicamente, desde 1800, dos dez países que mais deram calotes em suas dívidas externas, nove são da América Latina. Equador e Venezuela lideram, com dez calotes cada um. Já o Brasil vem logo em seguida, com nove, junto de Uruguai, Costa Rica e Chile.

Ou seja, o Brasil está entre os países que mais deram calotes no planeta. Não parece ser uma ideia muito boa emprestar seus recursos para um país com um histórico desses. Você emprestaria dinheiro a um amigo que você sabe que já deixou de pagar muitas vezes suas dívidas? Com certeza, não.

Vale lembrar que, por mais que o Brasil não descumpra com suas obrigações financeiras há um bom tempo, as contas públicas nem sempre vão bem e déficits significativos são comuns. Caso reformas estruturais não sejam realizadas e caso o endividamento do país continue a crescer, não se pode descartar um novo calote no futuro.

Empresas tendem a crescer no longo prazo

Quando o investidor adquire ações de uma empresa, ele está, acima de tudo, se tornando oficialmente um sócio dela, passando a desfrutar de seus resultados, seu crescimento ou mesmo seus percalços. As empresas, seguindo o crescimento do país e da economia global, tendem a crescer no longo prazo, explorando novos mercados, assim como novos consumidores, e expandindo suas operações.

Ao contrário do investimento em renda fixa, que tem seus rendimentos atrelados às taxas de juros – caso estas permaneçam estáveis, seus rendimentos também ficarão estáticos –, as empresas de um modo geral conseguem crescer ao longo do tempo, o que se reflete em resultados cada vez maiores, com aumento do potencial de distribuição de dividendos.

O Itaú Unibanco, um dos maiores bancos do país, é um exemplo legítimo de crescimento ao longo do tempo e podemos notar isso claramente em seus resultados operacionais. O banco viu seu lucro líquido evoluir de pouco menos de R$ 2 bi em 1999 para quase R$ 22 bi em 2016, o que é um crescimento muito expressivo, guiado por uma expansão das suas operações de crédito, mediante o aumento da demanda por crédito por parte da população e das empresas, além de um grande histórico de aquisições estratégicas que permitiram ao banco obter participações em inúmeros negócios, inclusive no exterior.

Como os resultados do banco cresceram de forma expressiva nesse período, suas cotações naturalmente se elevaram, assim como aumentaram os dividendos pagos anualmente. Deste modo, considerando o reinvestimento destes proventos, o investimento em Itaú teria gerado uma taxa de retorno de mais de 26% ao ano.

Além do Itaú, diversas outras empresas apresentaram um crescimento muito atrativo ao longo do tempo, como Ambev, Ultrapar, Weg, Grazziotin, EZTec, Raia Drogasil, Bradesco, Banco do Brasil, Vale, Lojas Renner e Taesa, só para citar as principais.

Além desse crescimento, como as companhias costumam repassar a inflação em seus produtos e serviços, os seus resultados tendem a estar protegidos da inflação, ao passo que na renda fixa, como se trata apenas de uma estrutura de crédito, com um rendimento estável indexado a um índice, que não cresce e nem é dinâmico como uma empresa, é necessário descontar a inflação, o que no fim das contas se traduz em um rendimento bem inferior.

Um título de renda fixa que paga, ao ano, cerca de 8% líquido de imposto de renda, por exemplo, se considerarmos uma inflação de 4,5%, apresentará um rendimento real de apenas 3,5%.

Já em ações, uma empresa que paga 4% ao ano em dividendos tende a aumentar esse percentual ao longo do tempo, o que confere uma atratividade muito maior, porém é necessário ter paciência.

Alta liquidez

O mercado de ações brasileiro possui grande liquidez, o que proporciona uma acessível porta de entrada e saída para os investidores.

As dez ações mais negociadas na B3, por exemplo, possuíam, em julho de 2022, liquidez média diária de mais de R$ 364 milhões. Isso significa, na prática, que um grande investidor que possui R$ 364 milhões em algumas dessas ações, poderia liquidar toda a sua posição em apenas um dia.

Mesmo se considerarmos ações menos líquidas, ainda temos, no mínimo, algumas centenas de milhares de reais negociados diariamente, o que proporciona uma liquidez mais do que suficiente para a grande maioria dos investidores.

Sendo assim, investir em ações na Bolsa de Valores proporciona ao investidor muita flexibilidade, ao contrário de uma empresa de capital fechado, em que, caso necessite vender sua participação, terá de fazê-lo para os sócios, que são poucos e muitas vezes podem não ter interesse ou recursos – portanto, o investidor terá de procurar compradores, o que pode levar um bom tempo.

Ótima fonte de renda passiva

Para quem deseja viver de renda ou ter uma renda complementar na aposentadoria, o investimento em ações também pode ser a opção mais inteligente. Hoje em dia, é relativamente fácil formatar uma carteira de dividendos com um *Dividend Yield* de cerca de 6% ao ano, que é um patamar interessante.

O investimento em imóveis, por exemplo, um dos mais populares entre os brasileiros que buscam renda na aposentadoria, rende aproximadamente 5% ao ano, em forma de aluguéis.

Porém, deve-se lembrar que os aluguéis são tributados em até 27,5%, o que acaba prejudicando bastante o retorno efetivo desse investimento. Então, os aluguéis recebidos por um investidor acabam ficando em 3,5% a 4% ao ano de retorno sobre o valor imobilizado, na média.

Como os dividendos pagos pelas empresas são isentos (até o momento da publicação deste livro), caso uma empresa declare pagamentos de proventos apenas em dividendos, o rendimento do investidor será totalmente livre de impostos, o que proporciona uma grande vantagem frente a outros investimentos.

Além disso, como já falamos, os dividendos tendem a crescer no longo prazo e, por conta disso, os 5% ou 6% ao ano que o acionista recebe hoje podem se tornar 10% ou 15% (ou ainda mais) no longo prazo, tendo como base o seu preço de custo por ação.

Conclusão

Considerando que o investimento em ações, no longo prazo, é o mais rentável em termos reais ao redor do mundo, como evidenciado em inúmeros estudos, além do fato de as empresas tenderem a crescer no longo prazo, elevando seus pagamentos de dividendos e apresentando valorização em suas cotações, defendo que todo investidor deva considerar o investimento em ações de boas empresas para o longo prazo.

Considero as ações entre os investimentos mais inteligentes para quem deseja construir patrimônio e ter uma aposentadoria digna no futuro.

Apesar disso, é importante lembrar que, para obter retornos consistentes no mercado, às vezes são necessários muitos anos, pois no curto prazo a volatilidade pode trazer retornos negativos.

IV – CONTROLE DE EGO E CONSUMO CONSCIENTE

Uma renda alta e a ausência do desejo de impressionar terceiros são a combinação perfeita para você acumular quantias enormes de dinheiro.

Sei que esse é um tema delicado e muita gente prefere não tocar nele, mas entendo que é de suma importância que seja abordado. Afinal de contas, ele é determinante na trajetória do enriquecimento.

A necessidade de impressionar terceiros, para ser admirado ou aceito, faz parte da história da humanidade. O luxo, seja em utensílios, joias ou vestimentas, e a ostentação em geral, historicamente, são ferramentas de demonstração de poder e *status*.

Desde o alto clero e a realeza, até os plebeus e integrantes da base das pirâmides sociais, nos impérios da antiguidade, era difícil encontrar quem não quisesse obter algum objeto de luxo para poder ostentar perante os outros. A ideia do dinheiro como moeda de troca para conforto, prazer e ostentação é muito antiga.

Na obra de George S. Clason, *O Homem Mais Rico da Babilônia*, é retratada a decisão de Arkad de, após conseguir amealhar seus primeiros dividendos com seus investimentos, gastá-los em boa parte para dar uma festa regada a mel, vinho e iguarias, além de ter adquirido uma túnica escarlate, uma vestimenta valiosa na época, que significava demonstração de poder. Algamish, seu tutor, obviamente condenou essa decisão, tendo em vista que ele estava "matando os filhotes" do seu próprio dinheiro.

Coroas douradas, joias e acessórios regados a ouro também são retratados na história do Império Romano e na Grécia Antiga.

Tempos modernos – costumes antigos

Hoje, não temos mais pessoas ostentando túnicas escarlates e coroas douradas, mas a modernidade também é repleta de objetos de luxo, que quase sempre estão no topo da pirâmide dos desejos de consumo do cidadão comum. Carros esportivos importados, motocicletas potentes, iates, mansões ou mesmo objetos como celulares de última geração e roupas de grife, por exemplo, são sonhos de consumo de muitas pessoas.

Para se ter uma ideia do ponto que essa necessidade de impressionar terceiros pode atingir, há alguns anos vídeos *viralizaram* no YouTube, apresentando jovens que se exibiam com suas roupas de luxo e se gabavam do valor supostamente pago por elas. Relógios de R$ 30 mil, tênis de mais de R$ 3 mil, calças importadas, bolsas e até carteiras eram apresentados como verdadeiros troféus por esses jovens. Quanto mais caro o *outfit*, mais "respeito" eles adquiriam em seus círculos sociais.

Quem não se lembra do "Rei do Camarote", que também fez sucesso na Internet há alguns anos? Era essa mesma linha. O sujeito se exibia e falava com orgulho que chegava a gastar mais de R$ 50 mil numa balada, além de ostentar carros importados e luxo.

Mas essa ostentação não está só presente nas classes mais altas. Mesmo quem está na base da pirâmide social muitas vezes replica esse comportamento.

O telefone escarlate

Não é incomum vermos jovens que, mesmo ganhando pouco, assumem longas prestações para adquirir um *smartphone* de última geração ou uma motocicleta, por exemplo.

De acordo com dados levantados pela CNDL (Câmara Nacional de Dirigentes Lojistas), em 2019 cerca de 81% dos jovens brasileiros acessavam um *smartphone* diariamente. No mesmo ano, sete em cada dez dos produtos mais buscados no Google estavam relacionados ao iPhone, sendo que este aparelho figura entre os sonhos de consumo de boa parte dos jovens brasileiros. O iPhone é uma das marcas de *smartphones* mais caras e também a que mais proporciona *status*.

Na tentativa de antecipar sonhos, muitos jovens acabam dando um passo maior que a perna, se endividando para adquirir o sonho de consumo, apenas para poder mostrar aos amigos e arrasar no círculo social.

Dados da Confederação Nacional do Comércio de Bens, Serviços e Turismo mostram que mais de 67% dos brasileiros estavam endividados em 2020, o que foi um recorde para a série histórica.

É claro que seria uma inverdade afirmar que esse dado é uma prova de que o brasileiro gosta de ostentar, afinal de contas, em um país onde mais de 100 milhões de pessoas vivem com menos de R$ 500 (de acordo com o IBGE), é natural que o consumo essencial não possa ser suprido pela maior parte das famílias, que não têm escolha a não ser contrair dívidas.

No entanto, não há como negar que esse padrão de consumo irresponsável, muitas vezes guiado pela necessidade de obter objetos que proporcionam *status* e ostentação, têm participação relevante nisso.

Muita dívida – pouca educação financeira

A esses fatores acrescenta-se a falta de educação financeira e temos um cenário muito preocupante: uma população altamente endividada, na qual poucos se planejam para o futuro e muitos consomem de forma pouco consciente.

Deixando de lado os casos em que realmente a família tem uma renda restrita, e centrando nos casos onde existe possibilidade de realização de poupança e acumulação de capital, vemos que a educação financeira e o consumo consciente são lacunas importantes.

Não tem jeito. Se, por um lado, a renda exerce papel importante numa jornada de enriquecimento de longo prazo, por outro, mais importante que a renda são os seus custos e a forma como você consome seu dinheiro. Neste sentido, é inegável que, se você quer começar a fazer sobrar dinheiro para poder investir, precisará abrir mão daquele iPhone supercaro ou daquele carro importado.

Nem sempre esse desejo de adquirir um bem é para satisfazer a vontade de terceiros ou impressionar aqueles amigos. Pode ser um desejo de ter mais conforto ou mesmo a vontade de realizar um sonho de infância. No entanto, você precisa estabelecer prioridades. Se a sua prioridade hoje é acumular patrimônio para formar uma coluna de ativos geradores de renda, esses sonhos terão que esperar.

Já no caso de a sua renda ser suficiente para realizar investimentos mensais e ainda fazer uma reserva, comprar um bem pode fazer sentido.

Impressione você mesmo, e não os outros

Se você realmente deseja atingir a liberdade financeira, uma das primeiras coisas que precisa desenvolver é a capacidade de controlar o seu próprio ego e ter um hábito de consumo consciente.

Querer impressionar os outros, parecer rico ou se importar demais com opiniões alheias são alguns dos principais algozes do sucesso financeiro. Esse é, portanto, um dos maiores desafios que as pessoas têm. E não são somente os dados que vimos anteriormente que mostram isso. Basta prestar atenção ao seu redor.

Eu mesmo vejo um número incontável de pessoas ostentando e adquirindo luxo sem ter a capacidade financeira adequada para tal: viagens, carros, roupas de marca, bolsas, objetos de luxo e, ao mesmo tempo, zero de renda passiva. Estas pessoas consomem 100% ou mais da renda ativa, fazem dívidas e acabam sempre reclamando que ganham pouco. Então precisam de mais dinheiro para conseguir cada vez mais coisas para se ajustar aos padrões da sociedade. Não querem ficar atrás e perder para o vizinho ou o parente.

Acabam, assim, ainda mais presas na "corrida dos ratos", conforme bem definiu Kiyosaki no livro *Pai Rico, Pai Pobre*. E o pior: isso é tudo insustentável e, muitas vezes, não deixa as pessoas mais felizes. Na verdade, só vai revelando um grande vazio e a dependência que elas têm da opinião dos outros.

Se o seu amigo comprou um carro importado ou está fazendo viagens todos os anos para os Estados Unidos e a Europa, bom para ele. Se o seu foco é a independência financeira, você tem que ignorar isso. É uma questão de prioridades.

É claro que fazer uns agrados para si mesmo, de vez em quando, é bom, mas isso tem que ser feito com equilíbrio e de forma sustentável. Viver para querer impressionar os outros, via ostentação, só vai te afastar da independência financeira e possivelmente te jogar numa ruína, às vezes sem volta.

Experimente viver mais em função de você e menos para os outros. A não ser que você queira correr atrás do dinheiro para pagar contas a vida inteira.

O pior tipo de pobreza

Se tudo que você quer é enriquecer para ter *status*, andar de carrão, ter uma lancha, uma mansão, e poder esfregar isso na cara dos outros, pense bem. Você pode até conseguir seu objetivo, mas a verdade é que continuará sendo um pobre de espírito e, provavelmente, infeliz. Qual é o seu propósito?

O preço do ego

Uma renda alta combinada com a ausência de desejo de impressionar os outros é a combinação essencial para economizar quantias absurdas de dinheiro.

A ausência do desejo de impressionar os outros, de querer parecer rico e bem de vida, junto de uma renda alta, te permite atingir a independência financeira muito mais rápido.

Mesmo quem não tem uma renda alta, se conseguir controlar seu próprio ego, consegue economizar e acumular boas quantias ao longo do tempo, à medida que os juros compostos fazem o seu trabalho.

Querer impressionar os outros é cavar o próprio buraco. O pior é que muitas pessoas já fazem isso automaticamente, em nível inconsciente, sem perceber. Já caíram num vício comportamental: vivem e trabalham para se mostrar aos outros, de forma explícita ou velada.

Querem um automóvel caro e importado, não pelo conforto ou segurança, mas pelo *status* de chegar de carrão no almoço de família ou estacionar no parque. Querem um iPhone supermoderno, roupas caras e relógios importados, para depois poder postar no Instagram ou nas outras redes sociais. Tudo isso é a meta de vida de muita gente.

Muitos argumentam que fazem isso por prezar pelo conforto, mas sabemos que no fundo é o seu próprio ego lhes aprisionando. Tudo isso pode custar muito mais do que o dinheiro gasto hoje com objetos de ostentação: pode custar sua liberdade.

Controle seu ego e você estará pronto não apenas para ter prosperidade financeira, mas para ter paz, vivendo mais para você e menos para os outros.

Prioridades

Ter um caminhão de ações e FIIs na carteira e um alto fluxo de proventos não vai me dar o *status* ou a moral com as pessoas que um carro importado me daria, mas me proporciona liberdade. E honestamente: a admiração de gente que valoriza os outros pelos bens que ostentam, eu dispenso.

Se a sua prioridade é comprar uma aparência, provavelmente você vai querer o carro. Como meu foco sempre foi liberdade e tranquilidade, a minha prioridade sempre foi acumular ativos geradores de caixa – a tranquilidade que esses ativos oferecem e a liberdade que é proporcionada valem a pena.

O futuro não deve ser sabotado

> *"Não é o seu salário que te enriquece, mas sim os seus hábitos de consumo."*
> – Charles A. Jaffe

Você tem vigiado os seus hábitos de consumo? Eles são os principais vilões que afastam as pessoas do caminho para a liberdade financeira. Porém, abrir mão de parte do consumo hoje para investir e pensar no futuro realmente não é fácil, já que vai totalmente contra o imediatismo do ser humano.

Por isso, muitos se esquivam e preferem ignorar a educação financeira ou assuntos ligados ao tema, justamente por não estarem dispostos a pagar o preço da disciplina para investir com regularidade. Se escondem atrás de argumentos como *"quero viver o hoje"*; *"guardar para quê, se não vamos levar nada desta vida?"* e coisas do tipo. Como se, para investir, você precisasse abdicar de tudo, o que não é verdade.

Infelizmente, o preço a ser pago por causa desse imediatismo, ignorando o potencial da liberdade financeira, acaba sendo infinitamente maior no futuro, trazendo sérias consequências justamente num período da vida em que, mais do que nunca, é necessário ter paz e tranquilidade.

Aparências enganosas

Junior, 33 anos, roupas simples, hábitos simples. R$ 3 mil de renda mensal. R$ 2 mil de gastos mensais. R$ 1 mil investidos todo mês. R$ 150 mil de patrimônio.

Pedro, 33 anos, roupas caras, ostentação. R$ 6 mil de renda mensal. R$ 7 mil de gastos mensais. R$ 1 mil de dívidas (a mais) por mês. R$ 100 mil em dívidas.

Junior anda de bicicleta, usa roupas baratas e tem uma vida simples. Pedro vive ostentando: financiou o carro em 60 meses, compra roupas importadas, vive na balada, pagando de bonzão. A maioria das pessoas diria que o Junior é um pobre coitado e o Pedro nada no dinheiro. As aparências enganam.

Se hoje Pedro perdesse o emprego, provavelmente teria seu carro executado judicialmente, além de ficar com uma dívida altíssima ainda remanescente. Já Junior, mesmo se perdesse o emprego, teria uma renda passiva para o ajudar a pagar despesas e um belo patrimônio, caso necessitasse usá-lo.

Fomos treinados para associar a riqueza ao luxo e aos bens materiais, quando na verdade nem sempre é assim. Pelo contrário. Você quer ser rico ou parecer rico? São mundos antagônicos.

Negando a bola para a torcida

Se você não tem vergonha de dizer que mora de aluguel e que anda de Uber, parabéns: você está no caminho certo. Parar de se importar com o julgamento alheio ou a opinião dos outros é fundamental, não apenas no seu desenvolvimento financeiro, mas também como pessoa.

Não que ter carro ou imóvel próprio seja necessariamente ruim. Muitas pessoas se sentem confortáveis e mais seguras em ter esses bens. Não há problema algum nisso. O problema é você simplesmente ter vergonha de dizer que não tem um imóvel ou um carro e pensar seriamente em adquiri-los para mostrar para os outros e se encaixar socialmente. E pior: muitas vezes abrindo mão de outros objetivos para isso.

Você dificilmente terá paz mental e um desenvolvimento financeiro pleno enquanto continuar dando valor excessivo ao que a sociedade espera e pensa. Se seguir à risca tudo que a sociedade espera de você, justamente para impressioná-la, será só mais um a acumular dívidas enormes, infelicidade, estresse, além de provavelmente nunca atingir sua independência financeira.

Comparações infrutíferas

Não há nada mais incoerente do que ficar se comparando com os outros. Cada pessoa vive seus próprios desafios e passa por dificuldades únicas. Essa comparação nunca será justa. Esqueça os outros e foque apenas em se tornar uma versão melhor de você mesmo, a cada dia.

Pare de fazer isso: só serve para te desanimar, deprimir e estressar, pois, geralmente, as pessoas se comparam com quem está acima, nunca com quem está abaixo do patamar social delas.

Como alguém que saiu do zero, de uma família pobre e que se esforça para conseguir poupar R$ 500 por mês pode se comparar com alguém que, aos 18 anos de idade, já ganhou carro, imóvel e dinheiro, além de ter uma faculdade bancada pela família? Não faz o menor sentido.

Tem pessoas que já nascem com tudo. Outros nascem sem nada. Alguns têm problemas de saúde, outros não. Alguns tiveram muitos problemas que você nem imagina, outros nem tanto.

Então, esqueça os outros e se concentre em você mesmo, tentando evoluir um pouco todo dia. A sua batalha é com você mesmo e com mais ninguém. Por mais que os seus resultados pareçam quase nada para alguns, comemore, pois só você sabe tudo que passou para chegar até aqui. É o que tento fazer, sempre.

Um objetivo para cada pessoa

Muitos vivem de desestimular os outros, projetando para terceiros seus gastos excessivos e seus padrões de vida irresponsáveis, suas indisciplinas de não conseguir poupar. Adoram falar que é impossível viver de dividendos ou que, para tanto, é necessário ter muitos milhões de reais na conta.

Já tentaram me desanimar no passado, também. Já fiquei deprimido. Já me desiludi e até pensei em desistir. Mas segui em frente.

Por mais que falem que viver de dividendos é só para quem é muito rico ou tem milhões, não desista. Lembre-se de que os custos de vida dessas pessoas não são necessariamente iguais aos seus. Uma pessoa solteira, sem filhos, que tem uma vida simples, por exemplo, pode atingir a independência financeira muito antes do que alguém que tem três filhos, paga escola particular para todos, plano de saúde, vivendo num padrão de consumo elevado.

As pessoas deveriam parar com essa mania equivocada e até desrespeitosa de projetar suas despesas para a vida dos outros. No fim das contas, cada um tem seu próprio termômetro da independência financeira e seu próprio objetivo, que pode ser maior ou menor do que o dos outros.

Castelo de cartas

Existe um mito de que quem tem um automóvel caro é rico e bem de vida. Muitos se espantariam ao saber que boa parte das pessoas que vivem de ostentação possuem um patrimônio negativo e zero de renda passiva. Se perderem o emprego, já era.

Você pode até passar a imagem de rico e bem-sucedido, mas a verdade é que toda a fragilidade do seu estilo de vida e da sua vida financeira pode vir à tona a qualquer momento, caso seu negócio passe por problemas ou você perca o emprego.

Essa, infelizmente, é a situação de muita gente. E pior: certas pessoas só respeitam os outros quando acham que estão bem de vida, com carro bom, imóvel próprio e tudo mais. Isso acaba criando um círculo vicioso, em que muitos querem seguir o mesmo caminho, no afã de obter a admiração de terceiros, ou fazer sucesso com gente do sexo oposto, por exemplo.

Para mim, não é rico quem possui automóveis caros ou mesmo mansões, por mais absurdo que isso pareça, e sim quem tem uma sólida coluna de ativos geradores de renda, capazes de cobrir todas as suas despesas. Afinal de contas, se essas pessoas perdessem suas fontes de renda ativa, conseguiriam continuar bancando esse padrão de vida? Duvido.

Já conheci pessoas que tinham automóveis caros, se vestiam muito bem, ostentavam e passavam uma imagem de riqueza, mas a verdade é que tudo aquilo era uma ilusão, pois estavam superendividados e com um fluxo de caixa negativo.

É claro que existem, sim, várias pessoas que possuem carros importados, artigos de luxo e também possuem muitos investimentos, mas a quantidade de pessoas que passam uma imagem ilusória de riqueza e que estão vivendo vários degraus acima do que seus ativos poderiam pagar é muito maior.

A maioria disparada contrai dívidas para comprar passivos e para manter um estilo caro de vida, ou são pessoas que realmente ganham bem, possuem empresas ou cargos elevados, mas, se perderem estas condições, caem diretamente num abismo.

Não vejo problema em alguém comprar carros caros ou usar roupas de marcas caras, desde que os seus ativos sejam capazes de bancar esses luxos tranquilamente.

Carro novo derrete igual picolé: depois de um tempo fica só o palito

Se você precisa de um carro, mas está construindo sua carteira previdenciária, para que você vai comprar um novo, de R$ 100 mil, se um usado de R$ 30 mil resolve seus problemas? Muitos escolhem o carro de R$ 100 mil pela ostentação que ele proporciona. Por isso, controlar o ego é fundamental.

Quando você tem como prioridade estruturar uma carteira previdenciária para gerar renda e ter maior tranquilidade na sua vida, muitas coisas mudam e outras deixam de fazer sentido.

Comprar um carro bom e mais caro tem suas vantagens, é claro. Segurança, conforto, *status* e tudo mais. Mas também tem o lado negativo: custos com IPVA e seguro, capital alocado de forma ineficiente, depreciação e outros pormenores.

Se você tem como prioridade investir para atingir a independência financeira, esses pontos devem ser muito bem avaliados. Certamente você verá que faz mais sentido comprar um carro mais barato, que faz praticamente a mesma coisa.

Quer ter um carro caro, ainda assim? Duas opções:

1. Guarde uma grana (além do dinheiro para a renda variável) na renda fixa, todo mês, para um dia você comprar o carro à vista.

2. Aguarde um dia que seus dividendos sejam grandes o suficiente para você pagar as parcelas do carro com folga.

Faça tudo muito bem pensado, pois a falta de planejamento adequado pode jogar sua independência financeira no lixo e arruinar sua vida.

Colocar dinheiro no bolso ou tirar dele?

A comparação a seguir tem como data-base o dia 10 de agosto de 2020.

> **Ativo:** 11.215 *Units* da Taesa (TAEE11). Valor: R$ 322 mil. Coloca no seu bolso R$ 26 mil na forma de dividendos anuais (considerando os dividendos dos doze meses anteriores, lembrando que tal valor é uma estimativa para exemplo didático) mais o potencial de valorização das ações. Tira do seu bolso: zero.

> **Passivo:** Range Rover Evoque 0 km. Valor: R$ 322 mil. Coloca no seu bolso zero de dividendos anuais. Tira do seu bolso cerca de R$ 45 mil em custos anuais, incluindo estimativa de depreciação anual, manutenção, IPVA e seguro.

Ter ações (ou *Units*) da Taesa pode não te dar o *status* e a visibilidade que um carro como o Range Rover Evoque oferece, mas te permite dar passos importantes rumo à independência financeira.

O valor desse carro, por exemplo, investido em ações da Taesa no período do exemplo, geraria dividendos próximos de R$ 2,2 mil por mês, na média. Claro que nada garante que isso se repetirá, mas, se a Taesa continuar lucrativa, gerando caixa, é bem possível que sim.

Se levarmos em conta que a maior parte da população ganha menos do que R$ 2 mil por mês, trabalhando de sol a sol, essa grana em renda passiva te coloca numa situação de grande privilégio.

Quase 70% dos brasileiros se aposentam com até um salário mínimo. Ou seja, esses dividendos já representariam o dobro da renda de aposentadoria da maior parte dos brasileiros, tomando por base o ano de 2020.

Quem já leu *Pai Rico, Pai Pobre*, de Robert Kiyosaki, um *bestseller* sobre finanças pessoais, certamente conhece os conceitos de ativos e passivos abordados. De acordo com o Pai Rico do livro, no fim das contas o principal fator de diferença entre pobres e ricos é que os ricos acumulam ativos e os pobres acumulam passivos, pensando que são ativos.

Para o Pai Rico, um ativo é tudo aquilo que lhe gera dinheiro de forma passiva, ou seja, sem a necessidade de trabalhar por este recurso. Já um passivo é tudo que faz você ter despesas e ainda se desvaloriza, como um carro, por exemplo.

Apesar de esta não ser a definição contábil para ativos e passivos, e sim um conceito abordado pelo autor do livro, saber disso fará toda a diferença na sua vida. Quando você começa a acumular ativos geradores de renda, tudo muda: você passa a dar passos de verdade rumo à independência financeira.

O cavalo na frente da charrete

Os ricos compram luxo por último. Eles primeiro investem e criam uma sólida coluna de ativos (empresas, imóveis e ações, entre outros), para depois pensar em luxo.

Já os pobres e a classe média colocam os objetos de luxo como prioridade. Ter um carro bom, usar roupas caras, viajar com frequência para o exterior, entre outros mimos. Tudo isso você pode fazer, desde que:

1. Use apenas um percentual da sua renda do trabalho.

2. Já tenha uma sólida coluna de ativos geradores de renda.

Se você comprar luxos e realizar sonhos materiais antes de investir, usando a maior parte do seu salário (ou pró-labore) para tanto, não dará certo.

Grilhões do cotidiano

Existem poucas coisas mais tóxicas do que passar décadas dentro de um trabalho de que você não gosta, numa rotina estressante. É triste saber que muitas pessoas vivem assim. Trabalham, gastam, trabalham mais e gastam mais. Muita gente está presa nesse círculo vicioso.

Quebre essas correntes. Invista.

Viver essa rotina só compensa se for por um tempo definido e você aproveitar o período para se "auto indenizar" e criar uma sólida coluna de ativos geradores de renda que vai te proporcionar liberdade. Fora isso, não tem jeito.

O padrão de vida é condicionador na jornada para a liberdade financeira

Muitos me perguntam:

> – *Quanto tempo e qual volume de aportes preciso fazer para viver de renda um dia?*

Resposta: não sei. Só você mesmo poderá responder isso. Dependerá invariavelmente do seu padrão de vida e do que você almeja. Tem gente que precisará de milhões. Outros, de uns R$ 300 mil.

Muitas pessoas têm o péssimo hábito de pensar que o custo de vida delas é parecido com o dos outros. Não é bem assim. Pessoas que não têm filhos, que dividem as despesas com os pais, irmãos ou amigos, por exemplo – ou ainda que levam uma vida simples –, podem ter um custo de vida muito inferior ao seu.

Nem 8, nem 80

– Quero ser rico, então não posso perder tempo vendo séries, jogando videogame ou fazendo coisas de que eu gosto.

Errado. Você deve fazer as coisas de que gosta e tirar sempre um tempo para o lazer. A diferença é que você não fará apenas isso. O equilíbrio é fundamental.

Investir com regularidade não significa abrir mão de tudo. Pelo contrário. Se você abandonar coisas que gosta de fazer, para ficar 100% focado nos investimentos, só tornará tudo mais penoso.

Não é *"investir OU viver"* – é *"investir E viver"*

Você deve economizar apenas uma parcela da sua renda, cortar uma despesa ou outra, e não tudo. Invista, mas não deixe de fazer o que você gosta, ter despesas com lazer e cultura. Ser radical não dá. Uma coisa não anula a outra.

É óbvio que, às vezes, pode ser necessário cortar ou reduzir alguns gastos menos essenciais e alguns itens supérfluos. No entanto, em geral, investir não deve te impedir de fazer o que gosta. Reservar um valor para os investimentos e outro para o lazer é fundamental.

As pessoas buscam quase sempre o "8" ou o "80", quando muitas vezes o "44" é o ideal.

Para cada objetivo, um tipo de investimento

Vejo pessoas querendo colocar dinheiro para determinados objetivos (comprar um imóvel ou um carro, fazer uma viagem para o exterior) na Bolsa, na expectativa de terem uma alta rentabilidade em um curto período, para depois resgatar o valor principal e deixar o lucro investido.

Isso é perigoso. Por mais que a Bolsa – quando o investidor a encara de forma correta, com postura de sócio e comprando empresas boas – não seja um investimento com muito risco, ainda assim ela não deixa de ser renda variável e, como tal, varia.

Logo, se você deseja comprar um imóvel dentro de um ano e quer deixar na Bolsa para tentar surfar um movimento de alta, não existe garantia e nem como prever se o seu dinheiro crescerá, de fato, nesse tempo. Na verdade, seu patrimônio alocado pode cair, justamente pelo fato de a Bolsa ser volátil e imprevisível no curto prazo.

Portanto, se você tem um objetivo específico fora do mercado, como comprar um imóvel ou viajar, nem pense em deixar a grana na Bolsa. Pode ser uma ideia terrível. Destine esse valor para o Tesouro Selic, um fundo de renda fixa ou até uma parte para um título do Tesouro Direto com prazo curto, atrelado à inflação mais um bônus, mas não para a Bolsa.

Os recursos destinados para a Bolsa devem ser, sempre, sem prazo e focados na construção do seu patrimônio para a geração de renda passiva.

Portanto, você deve estar disposto a deixar esses recursos lá por muito tempo – até mesmo décadas – e só pensar um dia em sacar parte desses recursos quando seus dividendos estiverem com um volume razoável. Lembre-se disso e não confunda as coisas.

Coleção rentável

Colecionar objetos é legal, mas colecionar ativos financeiros pode ser muito mais interessante.

Quando era criança, adorava colecionar coisas: latinhas de refrigerante e cerveja (era moda na época e existiam umas importadas, bem bonitas), álbuns de figurinhas da Copa do Mundo e do campeonato brasileiro de futebol, revistas do Pokémon Club, brinquedos, CDs de *videogame*, gibis, tênis (embora não tivesse muitos) e coisas do tipo.

Hoje, o hábito de colecionar ainda segue enraizado em mim, porém de uma forma diferente e muito mais vantajosa. Agora, em vez de colecionar objetos, coleciono ativos geradores de renda, como ações de empresas e cotas de fundos imobiliários, por exemplo.

Não tem coleção melhor. Além de não ocupar espaço nas gavetas, ela ainda coloca dinheiro no meu bolso quase todas as semanas, sob a forma de dividendos – e ainda se valoriza no longo prazo.

Se você ainda carrega o velho hábito de colecionar objetos, te convido a começar a colecionar ativos financeiros. Não precisa se desfazer das suas coleções e dos objetos de que você gosta: apenas tenha mais uma coleção.

Garanto que você não vai se arrepender e que será algo que lhe dará muito orgulho e satisfação no longo prazo.

V – AS SEREIAS E OS MARUJOS INCAUTOS

O novato ganancioso entra na Bolsa pensando que enriquecerá rapidamente. Sem estudar e sem saber o que fazer, segue a dica quente do fulano, que diz obter 3% ao mês com *trades*.

Quando o papel cai, o elemento "stopa" no fundão, ou seja, aciona uma ordem automática, conhecida no mercado como *Stop Loss*, para interromper as perdas justamente no momento em que a cotação da ação está lá embaixo. Muitas vezes, depois disso, o papel volta a subir. Assim surge mais um que diz que Bolsa é cassino.

Não caia nessa ilusão de que Bolsa é lugar para ficar rico rápido. Você se decepcionará e possivelmente perderá dinheiro.

A Bolsa é um ótimo lugar para acumular patrimônio e gerar renda passiva, mas de forma gradual e lenta. Quem é paciente, entra no mercado para se tornar sócio de boas empresas e de bons FIIs para receber dividendos – esses geralmente chegam muito longe, embora este processo não seja nada rápido.

Armadilhas são feitas para não se parecerem com armadilhas

Geralmente o desejo de enriquecer rapidamente é o que afasta as pessoas dos seus objetivos. Querer muito dinheiro, rapidamente, quase sempre leva a entrar em armadilhas.

É o típico exemplo do cara que pensa em entrar na Bolsa, mas ouviu dizer que os dividendos rendem muito pouco e são arriscados – por isso, ele vai operar mini índice e entrar em pirâmide. Muitas vezes, entrar nessas armadilhas não apenas te distancia dos seus objetivos, mas também destrói o pouco que você já havia construído.

A melhor forma de enriquecer que conheço é ir devagar, de pouco em pouco.

– *Ah, mas qual a graça de enriquecer com cabelos brancos?*

É melhor enriquecer de cabelos brancos do que nunca enriquecer, não é mesmo?

O charme dos cabelos brancos

A repulsa por enriquecer devagar te afasta do sucesso financeiro, e ainda pode te colocar em situações de grande risco. A maioria das pessoas que entram em pirâmides, por exemplo, repele o enriquecimento lento.

São aqueles que dizem que *"ações não rendem nada"* e *"dividendo de 6% ao ano é miséria"*, ao mesmo tempo que entram, às vezes com todo o patrimônio, em negócios totalmente questionáveis, que são claramente esquemas de Ponzi – sobrenome do estelionatário ítalo-americano que prejudicou muita gente no começo do século 20, ofertando pirâmides financeiras disfarçadas de investimentos sofisticados.

As pessoas que sucumbem à ambição de enriquecer rapidamente acabam se colocando em situações muitas vezes irreversíveis, perdendo todo o dinheiro que podem ter levado anos para acumular.

Enriquecer no mercado de capitais leva tempo, mas é totalmente provável e bastante seguro. Seja paciente e fuja das armadilhas que surgem pelo caminho. E o melhor: se você for disciplinado, paciente e focado, poderá conseguir isso até mesmo antes de os seus cabelos ficarem brancos.

A Bolsa é para você?

Se você quer enriquecer rapidamente, a Bolsa de Valores não é para você. Existem várias outras formas mais eficientes – embora geralmente mais arriscadas – de conseguir isso.

Experimente empreender, física ou digitalmente, criar um canal no YouTube e viralizar (o que não é nada fácil), ou mesmo aposte na loteria, mas não venha para a Bolsa. Tentar enriquecer rapidamente na Bolsa significa, 99% das vezes, perder tudo ou boa parte do que se tem.

Agora, se você está disposto a fazer aportes regulares mensalmente, e ir comprando cada vez mais ações de empresas, cotas de FIIs e outros ativos fundamentados, aumentando o patrimônio gradualmente e criando uma renda passiva, seja bem-vindo: a Bolsa é para você.

Reflexos do desespero

O jogo de *poker online* cresceu cerca de 40% durante a pandemia do Coronavírus, em 2020. A busca pelo termo *"Day Trade"* no Google também saltou 53% e o número de *day traders* em algumas corretoras disparou.

A combinação de desemprego e contas a pagar leva muita gente para caminhos perigosos. Muito cuidado. A esperança de fazer dinheiro fácil e rápido em jogos de cartas valendo dinheiro, cassinos ou operações especulativas, no conforto de suas casas, pode conduzir para a beira de um abismo – principalmente em momentos de dificuldades, como as vivenciadas por causa da Covid-19.

Fico triste com isso, pois muitas dessas pessoas acabam perdendo tudo ou boa parte do pouco que possuem, sem falar nos que se endividam para poder operar no mercado ou cassino, o que é ainda pior.

No fim das contas, os únicos que ganham com isso são os vendedores de cursos para *traders*, as corretoras e as bancas virtuais de *poker*. Esses não têm do que reclamar.

Foguetes e meteoritos

Bitcoin batendo R$ 60 mil em 29 de julho de 2020. Oi batendo R$ 3 e Via Varejo batendo R$ 20. Essa é a hora em que a mão do incauto, caçador de dinheiro fácil, começa a coçar para vender o carro e o imóvel para dar *all-in* (termo comum nas mesas de apostas, quando o jogador coloca todas as suas fichas numa só rodada) nos foguetões.

É sempre o mesmo filme. Desde a época de Telebras, Brasil Ecodiesel, OGX, entre outros casos, a história se repete. Certa vez, um conhecido meu vendeu apartamentos para comprar tudo de OGX. Deu no que deu: a empresa malogrou e os papéis foram para quase zero.

Depois, em 2017, as criptomoedas foram a bola da vez. O Bitcoin bateu quase R$ 80 mil. Naquela época, rolavam várias reportagens e depoimentos de gente vendendo carro, moto e casa para dar *all-in*. Na mesma época, a moeda Nano, antiga Raiblocks, também recebeu alguns carros e apartamentos, após ter saído de 20 centavos para mais de R$ 100. Tudo motivado por especulações sem fundamentos.

É só os "foguetaços" acontecerem para surgir uma legião de pessoas pegando empréstimo, vendendo imóvel, vendendo carro e tudo mais para não perder a festa. Geralmente, são esses que acabam pagando a conta do final do baile e são também os que saem por aí falando que Bolsa é cassino – e que a única forma de ficar rico é roubando.

Muito cuidado com o canto da sereia

O sujeito refuta seguir os conselhos de Warren Buffett, Benjamin

Graham e Peter Lynch para investir na Bolsa com foco no longo prazo, seguindo o *Value Investing*. Mas esse mesmo sujeito aprova seguir os conselhos do Jorjão do Boteco e do Zezé, amigo de um primo de segundo grau, para entrar na pirâmide que promete 2% ao dia, com liquidez diária e retorno garantido.

Os conselhos do Jorjão e do primo de segundo grau são tentadores e eles sempre aparecerão ao longo da sua vida. Isso é inevitável. Seja com uma proposta de negócio suspeito, uma dica furada ou algum tipo de devaneio. Em geral, são propostas de dinheiro fácil em jogo ou reuniões em prédios chiques com os duplos diamantes.

Tenha a disciplina de virar a cara sempre que surgirem essas "propostas irrecusáveis" e continue na estratégia de quem já venceu o jogo e provou que dá certo. Sei que isso é meio entediante, lento e tudo mais.

No entanto, o que é melhor? Enriquecer lentamente ou perder tudo em pirâmides e furadas do tipo?

Na prática, ao adotar a estratégia de investimento de longo prazo, você acabará atingindo seus objetivos provavelmente antes do que imagina, justamente por pegar gosto pela coisa e querer economizar mais.

O tamanho do estrago

> – *Vou investir R$ 50 mil para receber R$ 250 por mês em dividendos? Isso é ridículo. É menos que a poupança. Meu amigo investe em um negócio que dá 10% ao mês, no mínimo.*

E assim a ilusão do dinheiro fácil vai se propagando e os golpistas enchendo o bolso.

É difícil convencer uma pessoa de que investir em ações e receber uns 6% de *Yield* ao ano, mais uma possível valorização – ou desvalorização –, é algo bom, quando esse cara é bombardeado por aí, todo dia, com propostas de enriquecimento fácil.

As sequelas que as pirâmides financeiras (e a ilusão do dinheiro fácil) deixaram na nossa cultura não foram poucas. Agora, para desconstruir tudo isso, é um trabalho de formiguinha.

Rentabilidade muito alta existe? Claro que sim. Mas ela geralmente vem acompanhada de riscos igualmente muito altos.

Investir com foco no longo prazo é uma obrigação

Certa vez uma professora de escola pública me disse que não tem interesse em finanças e que não quer se tornar uma investidora. Para você ver como tem gente ainda totalmente alheia à realidade do nosso sistema previdenciário. Pensam que investir é só um *hobby* ou algum luxo destinado a quem tem dinheiro sobrando, quando na verdade investir já se tornou questão de sobrevivência.

Para mim, investir nem é mais opção, é obrigação. Queria não precisar fazer tal afirmação; considero que o sistema de previdência pública deveria dar vida boa para todos os seus contribuintes. Porém, não é o que ocorre. Aliás, no contexto atual, é possível que os contribuintes nem mesmo recebam algo na aposentadoria, caso o sistema venha a desmoronar de vez.

A verdade é que, se você tomar a decisão de não investir e continuar a se esquivar do tema, então basicamente deverá aceitar o enorme risco de passar necessidade no futuro e ter de depender da ajuda de terceiros. Acredito que ninguém queira isso.

O trabalho de educação financeira a ser feito é gigante

O sonho do brasileiro médio é enriquecer rapidamente, sem correr riscos e sem esforços. Para eles, se o investimento não oferece isso, então não compensa.

– É lixo.

– Se rende só isso, é melhor gastar, não vale a pena investir.

– Melhor vender jujubas na esquina.

Leio isso com muita frequência, especialmente quando as pessoas descobrem que uma expectativa realista para Bolsa gira em torno de rendimentos de 7% a 8% reais ao ano. Complicado. Estas pessoas são bastante propensas a entrar em pirâmides. Ou é um negócio que rende muito, ou é melhor gastar. É assim que muitos pensam.

Isso não faz o menor sentido. Afinal, o que é melhor? Chegar aos 60 anos de idade recebendo R$ 1 mil reais de dividendos ao mês, como complemento de renda, e uns 200 mil de patrimônio? Ou chegar lá sem um centavo no bolso, dependendo unicamente do INSS e da ajuda de parentes? Pois é.

O tédio saudável

Minha estratégia de investimentos para longo prazo é entediante. Ela não rende filme em Hollywood e afasta muita gente, sobretudo aqueles que querem ficar ricos rapidamente. Mas foi com ela que consegui dar passos importantes em direção à liberdade e tranquilidade financeira.

Enriquecer lentamente é algo que muita gente não quer, mas geralmente é o caminho mais seguro e sólido para você chegar lá. Querer enriquecer rápido na Bolsa é o caminho mais rápido para o fracasso.

VI – A BOLSA É PARA TODOS

Certa vez disseram que eu era um "Zé Ninguém" e jamais teria relevância alguma na vida, por ter estudado em escola pública, ter inclusive perdido um ano, não ter prestado vestibular, como todos os jovens de 17 a 18 anos faziam na época. Também já perguntaram, tentando me humilhar:

– Cadê seu diploma?

– Cadê seu mestrado? Mostra aí!

Tudo isso a gente tem que engolir calado. Magoa. Mas tudo bem, no fim das contas isso só nos dá mais força para irmos em frente.

Minha família sempre foi humilde e nunca as coisas foram fáceis para nós. Ter criado renda passiva que hoje poderia me manter é a prova viva de que qualquer um consegue, não importa de onde venha. Basta ter muita vontade, foco e disciplina. Como costumo dizer:

– Não faça da sua situação atual ou origem uma barreira, e sim um propulsor para você atingir seus objetivos.

Para quem vem de baixo, tudo é sempre mais difícil. Mas não se entregue, pois o jogo sempre pode virar, se você fizer por onde, é claro. Agora, não pense que será fácil. Você provavelmente terá que abrir mão de algumas coisas e fazer alguns sacrifícios. Mas valerá a pena.

Barreiras mentais

Um pai dizia: *"nunca serei rico porque tive filhos"*. O outro dizia: *"preciso ser rico por causa dos meus filhos"*. Essa provocação de Robert Kiyosaki nos faz pensar.

Falar que não pode crescer na vida ou ao menos ter uma vida com as finanças organizadas, pois veio da favela, pois tem filhos, pois não estudou, blá-blá-blá, é muito cômodo. Afinal, você acaba se escondendo atrás de uma barreira autoimposta, como justificativa de ficar estagnado na vida ou fazendo tudo errado.

Logicamente, uma pessoa que teve vários filhos, principalmente cedo e sem condições, terá muito mais dificuldades de crescer financeiramente. Mas isso seria impossível? Nunca. Essa pessoa pode arranjar um trabalho melhor, vender algo pessoalmente ou na Internet, trabalhar uma ou duas horas a mais por dia, cortar despesas, enfim, coisas do tipo. Sempre há um jeito.

Quem junta centavos também pode juntar milhares

Quem não poupa – mesmo que bem pouco – ganhando R$ 1,5 mil ou R$ 2 mil por mês, dificilmente poupará ganhando R$ 10 mil. É questão de hábito, mentalidade e disciplina – e não de dinheiro.

Claro que há casos e casos, mas, de maneira geral, quem não poupa ganhando pouco dificilmente conseguirá poupar ganhando mais. Por isso, repito sempre: mesmo que você não ganhe muito, comece a poupar e investir em algo. O hábito que estará sendo enraizado te permitirá poupar com muita facilidade quando sua renda aumentar.

A prova dos nove

Certa vez perguntei, por meio do Instagram, se havia pessoas que ganhavam pouco e ainda assim investiam. Muitos dizem que esse perfil de pessoa não existe, afinal, quem não ganha muito provavelmente vende o almoço para pagar o jantar e não pode nem pensar em investir.

Fui surpreendido com uma enxurrada de mensagens. Muitas pessoas enviaram seus relatos, descrevendo o que fazem para conseguir poupar, mesmo ganhando pouco, além de ter família para sustentar e contas para pagar. Teve até uma pessoa que trabalha como gari que me respondeu. E sim, ele investe na Bolsa.

Não será fácil. Quem disse que seria? Talvez você precise morar mal por mais tempo do que gostaria, abrir mão de um pouco de qualidade de vida e trabalhar muito, até nos finais de semana, para poder poupar recursos e investir.

Pare de pensar que uma pessoa, apenas por ser de baixa renda ou ter vindo de comunidades carentes, deve se limitar e aceitar o fracasso, pois *"o mundo é injusto"*. Isso é de um preconceito absurdo. Conheci diaristas que tinham dinheiro guardado, trabalhavam duas horas a mais por dia justamente para conseguir poupar. Esse dinheiro da hora extra ia diretamente para a poupança.

Meu avô nunca ganhou muito mais que dois salários mínimos e ainda assim conseguiu ter uma vida financeiramente equilibrada, sem dívidas, com dois imóveis (bem simples, mas ainda assim imóveis) e um dinheiro aplicado no banco.

Dezenas de pessoas ganham entre R$ 1 mil e R$ 2 mil mensais e, todos os meses, investem cerca de R$ 200 a R$ 300 ou até mais, mesmo com todos os desafios que enfrentam.

Quem quer, e está realmente disposto a mudar e superar barreiras, consegue. Não tenho dúvidas de que, se eles se mantiverem inabaláveis na busca de seus objetivos, chegarão muito longe.

A crença num princípio

Já me acusaram de ser "sem coração" por querer incentivar pessoas que ganham pouco a investir na Bolsa e construir uma reserva financeira para o longo prazo. Nem que seja investindo R$ 50 ou R$ 100 por mês. Entretanto, acredito que toda pessoa deva ter acesso ao conhecimento. Então, ser "sem coração", na minha opinião, é condenar essas pessoas, sem ensino superior ou com um trabalho mais simples, ao fracasso.

Muita gente vive de apontar os dedos e reclamar. Mas não ajudam e não fazem nada por ninguém.

Por mais que você ganhe pouco, acredito que você seja capaz de cortar uma despesa aqui, ou outra ali, ou mesmo fazer um trabalho adicional para complementar renda e conseguir poupar e investir, todo mês, algum valor.

No futuro, espero que mais pessoas me procurem para dizer que, mesmo com uma renda baixa, conseguiram criar algum patrimônio que gera renda e dá um pouco de conforto financeiro.

Retroalimentação

Já te disseram que investir na Bolsa é coisa somente de gente rica? Pois eles estão errados. Hoje em dia, com pouco dinheiro você consegue se tornar sócio de grandes empresas e ainda adquirir participação em dezenas de imóveis de grande porte, desde galpões logísticos até dezenas de escritórios comerciais.

Logicamente, ao se tornar sócio desses ativos, você também passa a ter direito a uma parcela de seus lucros, sempre proporcional à sua participação. Uma das grandes vantagens das ações e dos FIIs também é a facilidade de reinvestir os proventos.

Quem possui um imóvel alugado, por exemplo, por R\$ 1 mil mensais, não consegue utilizar o dinheiro para comprar frações de novos imóveis. Porém, no caso dos fundos imobiliários, isso é possível.

Vale a pena investir R\$ 500 por mês na Bolsa?

Um investidor perguntou, num dos canais de comunicação da

Suno Research, se vale a pena investir R$ 500 por mês, visto que não é um valor muito alto, e se, com esse valor, seria possível construir um patrimônio no longo prazo e ter uma renda complementar.

Infelizmente, muitas pessoas desistem de investir na Bolsa por pensarem que têm muito pouco para investir e que por isso não compensa. Fico triste com isso, visto que, na Bolsa, o pouco se torna muito no longo prazo.

Investir pouco, ou muito pouco, sempre será melhor do que não investir. Mesmo que você não acumule um grande patrimônio no longo prazo, acumulará algum valor e, sem dúvida, terá algum complemento de renda.

Além do mais, a disciplina que o investidor vai adquirindo, além do prazer em poupar e em realizar os aportes todos os meses, é algo que levará para a vida toda – o que, inclusive, dará a ele vontade de trabalhar mais e poupar mais, o que deve acelerar a sua trajetória.

Segue abaixo a minha resposta ao investidor em questão:

> *"Qualquer valor que você poupe e direcione para a Bolsa vale a pena e é muito melhor do que não investir ou não economizar, mesmo que sejam R$ 100 por mês.*

> *Com R$ 500 por mês, apesar de não parecer muito, não tenho dúvidas de que você conseguirá acumular um patrimônio atrativo no longo prazo e também obterá uma boa renda complementar, que lhe proporcionará maior tranquilidade e uma aposentadoria mais digna.*

> *Com aportes de R$ 500 mensais, caso consiga escolher boas empresas e bons fundos imobiliários e, evidentemente, tendo a disciplina de reinvestir os dividendos, você deve obter uma renda mensal aproximada, dentro de*

aproximadamente 25 anos, de cerca de R$ 3,8 mil a R$ 4 mil em valores de hoje, ou em torno de R$ 10 mil em valores nominais.

Pode parecer demorado e realmente não é rápido. Porém, imaginando que você tenha hoje em torno de 30 anos, você chegaria aos 55 anos com uma renda de dividendos próxima dessa.

Apesar de não ser uma renda que proporcione uma vida de luxo e nem te faça rico, considerando os valores de hoje, está cerca de quatro vezes acima da média da renda do aposentado brasileiro e, sem dúvida, servirá como um belo complemento de renda para a sua aposentadoria.

Nos investimentos, o tempo de aportes e reinvestimentos recompensa a paciência e, caso você deseje esperar 30 anos, estimo que você conseguiria obter uma renda mensal (sempre em valores de hoje, ou seja, reais) próxima de R$ 7 mil, o que seria um ótimo complemento de renda, principalmente considerando a sua capacidade de aportes.

Na Bolsa de Valores, as fortunas são criadas ao longo do tempo e a paciência e disciplina dos bons investidores são sempre recompensadas no longo prazo."

Sim, você também pode investir

"Toda matemática que você precisa para ser um bom investidor, você aprende até a quarta série."
– Peter Lynch

O mercado financeiro parece coisa de outro mundo, mas é simples, não tem razão para complicar. Investir não é complexo. Investir é para todos.

Fórmulas, planilhas e outros métodos mais complexos de análises podem até ajudar, mas não são essenciais e nem fazem a diferença para o investidor de longo prazo.

Muito mais importante, para os investidores, do que saber matemática financeira, fórmulas complexas e todos os detalhes da contabilidade, é desenvolver disciplina e paciência. Isso, sim, te fará ter sucesso como investidor. Nada mais.

VII – O LONGO PRAZO
É AMIGO DOS JUROS COMPOSTOS

De 2000 a 2018, investir nas melhores pagadoras de dividendos da Bolsa gerou um retorno expressivo, de cerca de 25% ao ano, de acordo com estudo realizado por Leo Abboud, da Set Investimentos.

Na metodologia utilizada, a carteira foi rebalanceada trimestralmente concentrando os aportes na quinta parte das empresas com os maiores *Yields* da Bolsa. Ou seja, se existissem cerca de 50 empresas listadas que pagaram dividendos no período, por exemplo, a estratégia concentraria nos 10 maiores *Yields* daquele momento e faria esses rebalanceamentos.

Para termos uma ideia, o Ibovespa, nesse mesmo intervalo de tempo, apresentou um retorno médio de cerca de 9,3% por ano. R$ 100 aplicados nessa estratégia teriam se tornado quase R$ 7 mil ao final de 2018, enquanto os mesmos R$ 100 no Ibovespa se tornariam pouco mais de R$ 600. A diferença entre os resultados é absurda.

Obviamente, esses dados se referem ao passado e nada garante que isso se repetirá. Porém, ao menos dá ao investidor uma boa ideia do grande potencial de investir em companhias boas pagadoras de dividendos, refutando o mito de que empresas do tipo não entregam bons retornos.

Cabe ressaltar que esse estudo serve como conteúdo informativo e educacional, pois o *Yield* não deve ser avaliado isoladamente, e sim numa análise em conjunto com outros indicadores e múltiplos, considerando a saúde da empresa e o segmento como um todo.

Cinco milhões de dólares

É isso que um investidor americano teria em 2020 se tivesse investido cerca de mil dólares em um fundo de índice do S&P 500 em 1942, quando Warren Buffett, considerado o maior investidor de todos os tempos, ainda uma criança de apenas 11 anos, realizou sua primeira compra de ações.

De lá para cá, os Estados Unidos tiveram 14 presidentes, passaram por uma guerra mundial, pela crise dos mísseis cubanos, pelo 11 de Setembro e também pela crise do *subprime*, enfrentando cenários que pareciam verdadeiramente apocalípticos. Qualquer cético diria ser impossível obter resultados tão positivos após tantos cenários conturbados, mas no final deu tudo certo e o triunfo foi dos otimistas.

Por isso, independentemente de você gostar ou não de um governo ou de outro, de estarmos ou não em uma crise econômica, ou de a economia chinesa estar desacelerando, não deixe para depois: apenas invista e aproveite os momentos de pânico para ir às compras.

O poder dos juros compostos

Essa é a evolução do patrimônio de Warren Buffett ao longo do tempo: ele tinha US$ 8 milhões aos 36 anos, US$ 1,4 bilhão aos 56 anos e US$ 88 bilhões aos 88 anos.

A trajetória do patrimônio de Buffett mostra claramente o poder dos juros compostos no longo prazo, capaz de multiplicar o capital por inúmeras vezes ao longo de décadas. Por isso, sempre repito que a disciplina e a paciência são os atributos mais importantes do investidor.

Se você, hoje, ainda tem um patrimônio muito pequeno, que parece não evoluir e às vezes te desanima, não desista e saiba que isso é extremamente comum. Nos primeiros anos, a evolução é bem lenta, principalmente quando os aportes são pequenos. Porém, conforme os anos e décadas passam, a bola de neve começa a fazer efeito e o bolo vai ficando cada vez maior, gerando também dividendos cada vez maiores.

Você só precisa seguir em frente, tendo disciplina e a paciência de esperar para colher os resultados, sempre tendo em mente que é um caminho demorado, mas extremamente recompensador. Na Bolsa, quanto mais paciente você é, mais recompensado você será. Muitos argumentam: *"eu não quero ser rico velho, quero ser rico hoje"*. Tudo bem, qualquer um tem o direito de querer isso, mas tenha em mente que, na Bolsa, as coisas não funcionam assim.

A renda variável varia – I

Quanto R$ 100 investidos em junho de 2007, em diversos papéis (FIIs e ações) teriam se tornado onze anos depois? Reuni esses dados através da plataforma Economatica e divulgo os resultados a seguir, referente ao mês de junho de 2018, considerando o reinvestimento dos dividendos:

FII Continental Square Faria Lima (FLMA11): R$ 1.091,01

Dimed S.A. (PNVL4): R$ 947,43

Taesa (TAEE11): R$ 732,39

FII Shopping Pátio Higienópolis (SHPH11): R$ 726,42

Klabin S.A. (KLBN3): R$ 689,41

Ambev S.A. (ABEV3): R$ 568,21

FII Projeto Água Branca (FPAB11): R$ 475,20

Ultrapar (UGPA3): R$ 469,46

FII Edifício Almirante Barroso (FAMB11):R$ 436,14

Braskem (BRKM5): R$ 435,59

FII Edifício Ourinvest (EDFO11B): R$ 412,74

Santander Brasil S.A. (SANB3): R$ 392,91

Bradesco S.A. (BBDC4): R$ 287,43

Suzano S.A. (SUZB3): R$ 247,33

Itausa S.A.(ITSA4): R$ 235,36

Grazziotin S.A. (CGRA4): R$ 235,04

Banco do Brasil S.A.(BBAS3): R$ 232,09

Vale S.A. (VALE3): R$ 179,32

Cemig S.A. (CMIG4): R$ 150,90

Petrobras S.A. (PETR4): R$ 110,67

Gerdau S.A. (GGBR4): R$ 83,30

Cia Siderúrgica Nacional (CSNA3): R$ 75,34

Se, ao invés de investir em renda variável, o dinheiro fosse aplicado em renda fixa, com ganhos de 100% do CDI, líquidos do Imposto de Renda, os R$ 100 teriam se convertido em R$ 273,68.

Algumas conclusões deste breve estudo:

- Preço importa, principalmente para aportes únicos. O resultado poderia ser bem diferente se considerássemos, por exemplo, a crise de 2008 como momento inicial.

- Investir grandes parcelas do patrimônio de uma só vez é arriscado, pois você pode pagar caro. Veja que vários desses ativos entregaram uma performance fraca, uma vez que o estudo só considerou um aporte inicial, mais os dividendos reinvestidos no mesmo ativo. Neste caso, preço importa e muito.

- As empresas estatais tiveram uma performance fraca, de maneira geral. Reflexo claro da ingerência política nesses ativos e de baixos retornos sobre capital e patrimônio.

- As empresas cíclicas são complicadas. Comprar no topo do ciclo é perigoso.

- Os fundos imobiliários surpreendem positivamente, pois pagam ótimos dividendos e tendem a se valorizar.

- O reinvestimento de dividendos é essencial na fase de acumulação de patrimônio.

A renda variável varia – II

Em quanto R$ 10 mil investidos em ações ou fundos imobiliários, em agosto de 2009, teriam se transformado após dez anos, considerando também o reinvestimento de dividendos?

Investir em ações ou fundos imobiliários foi um bom negócio após uma década? Ou será que, no período estudado, os elevados juros já observados no passado e a ausência de volatilidade de uma renda fixa pós-fixada atrelada ao CDI e sem riscos teriam levado a um resultado melhor?

Não seria mais fácil deixar o dinheiro num ETF indexado ao Ibovespa e apenas esperar para obter um retorno tão positivo quanto o de ações específicas?

Para responder a estas perguntas, selecionei algumas das empresas mais populares e também algumas das mais líquidas listadas em Bolsa e, com o auxílio da plataforma Economatica, analisei o retorno desses papéis desde o dia 01 de agosto de 2009, considerando também o reinvestimento dos dividendos.

De forma a dar oportunidade para os fundos imobiliários mostrarem sua capacidade, também adicionei ao cálculo alguns dos mais antigos listados em Bolsa.

Vale lembrar que usei como critério para a escolha das ações a liquidez atual dos papéis, a popularidade das empresas e também a idade da listagem, uma vez que empresas listadas após 2009 não se enquadrariam na análise.

Seguem os resultados, que devem surpreender alguns, mas outros nem tanto:

Lojas Renner S.A. (LREN3): R$ 136.475,00

FII Continental Square Faria Lima (FLMA111): R$ 102.838,00

Cia Hering S.A. (HGTX3): R$ 97.174,00

Taesa (TAEE11): R$ 73.956,00

Ambev S.A. (ABEV3): R$ 67.234,00

Weg S.A. (WEGE3): R$ 66.548,00

FII D. Pedro Shopping (PQDP11): R$ 66.266,00

FII Shopping Higienópolis (SHPH11): R$ 60.350,00

Engie S.A. (EGIE3): R$ 56.925,00

Porto Seguro S.A. (PSSA3): R$ 53.688,00

B3 S.A. (B3SA3): R$ 52.752,00

Bradesco S.A. (BBDC4): R$ 43.146,00

FII HG Brasil Shopping (HGBS11): R$ 42.932,00

Itaúsa S.A. (ITSA4): R$ 40.526,00

Banco do Brasil S.A. (BBAS3): R$ 39.013,00

Telefônica Brasil (VIVT4): R$ 27.633,00

Vale S.A. (VALE3): R$ 19.612,00

Pão de Açúcar (PCAR3): R$ 17.417,00

Cielo S.A. (CIEL3): R$ 15.212,00

Petrobras S.A. (PETR4): R$ 10.487,00

Cia. Siderúrgica Nacional (CSNA3): R$ 10.218,00

Gerdau S.A. (GGBR4): R$ 7.310,90

CDI: R$ 25.766,00

Ibovespa: R$ 18.748,00

Sobre o desempenho do Ibovespa na segunda década do século 21

Quem vê apenas os 68% de rentabilidade acumulada na década de 2010 pelo Ibovespa não vê isso:

Comgás (CGAS5): +1.331%

RaiaDrogasil (RADL3): +1.225%

EZTEC S.A. (EZTC3): +1.220%

Lojas Renner S.A. (LREN3): +987%

Unipar Carbocloro (UNIP6): +726%

Taesa (TAEE11): +709%

Tupy (TUPY3): +507%

Engie Brasil Energia (EGIE3): +433%

Itaúsa S.A. (ITSA4): +275%

EDP Brasil (ENBR3): +245%

Quem investiu em um ETF ou fundo de investimento que segue o desempenho do Ibovespa, de 2010 ao final de 2019, teve uma rentabilidade bem próxima a 68%. Ou seja, um único aporte, lá atrás, de R$ 10 mil, teria se tornado R$ 16,8 mil. Não são números muito animadores para um período de dez anos. Para termos uma ideia, a inflação desse período foi de 87,7%. Ou seja, o capital do investidor sequer teria sido corrigido pela inflação.

Quem olhar isso isoladamente pode pensar que investir em Bolsa é um péssimo negócio. Todavia, devemos lembrar que o Ibovespa é apenas uma média do desempenho de várias empresas. Dentro dessa carteira, existem inúmeras empresas ruins ou de qualidade questionável.

A verdade é que, se você olhar apenas para o Ibovespa, estará ignorando inúmeras empresas de qualidade, que criam valor aos seus acionistas, pagam bons dividendos e muitas vezes têm uma representatividade minúscula no índice – ou sequer fazem parte dele.

Por isso, esqueça um pouco o Ibovespa e comece a olhar mais para as empresas de que você gosta e que acompanha. Crie um índice próprio e terá uma noção mais correta do real potencial da Bolsa.

Bons resultados apurados
não representam certeza de retornos futuros

> *"Se a história passada fosse tudo o que importa no jogo, as pessoas mais ricas seriam os bibliotecários."*
> – Warren Buffett

A história e o passado de uma empresa nos dão uma ideia de sua gestão e resiliência operacional. Porém, ainda assim, é impossível prever o futuro. Por mais que uma empresa tenha crescido no passado e seus números comprovem isso, nada garante que esse crescimento continuará.

Pode ser bastante perigoso você pagar caro numa ação com bom histórico, apostando na manutenção de seu crescimento acelerado, sem avaliar com cuidado a conjuntura e o contexto. Qualquer deslize que ocorra, impedindo que o crescimento acelerado esperado se concretize, pode levar a uma queda desastrosa das ações.

Por isso, diversificar os aportes em empresas e fundos imobiliários diferentes, de setores diferentes, é fundamental.

VIII – CONSTRUINDO UMA CARTEIRA PREVIDENCIÁRIA

Cuide bem da sua *holding*, para que um dia ela cuide de você

Sua carteira é uma mini *holding* diversificada. Você, como controlador e CEO dela, tem o desafio de alocar o caixa (dividendos mais aportes) sempre da maneira mais eficiente possível, para aumentar os lucros da sua "empresa" e um dia viver dos dividendos dela. É assim que vejo a minha carteira de investimentos.

O foco principal da sua *holding* é um só: adquirir cada vez mais participação societária em bons negócios, que pagam bons dividendos e geram valor no longo prazo. Esses proventos são os lucros da sua *holding* e sua meta é torná-los cada vez maiores.

Sempre que sua carteira terminar um ano com mais dividendos que o ano anterior significa que o lucro líquido da sua *holding* cresceu e, com esses lucros sendo reinvestidos, mais os aportes que você fará constantemente, sua mini *holding* ganhará cada vez mais vulto.

Chegará um dia em que a sua *holding*, após décadas de crescimento e reabastecimentos, estará gerando dividendos tão robustos que você poderá tirar deles o seu próprio sustento e ainda sobrará para reinvestir.

A partir daí, você poderá usufruir dos frutos de toda a sua disciplina e, guardadas as proporções, também poderá fazer algo similar ao que os Setúbal fazem hoje com suas ações na *holding* da Itaúsa: viver dos dividendos dela.

Para chegar a esse nível, podem ser necessárias décadas de empenho, muita disciplina e investimentos inteligentes. Mas é possível.

Por menor que sua mini *holding* seja hoje, não desista dela. Lembre-se sempre de que, com a disciplina dos aportes e dos reinvestimentos de dividendos – além, é claro, do crescimento das empresas que você possui –, um dia ela se tornará grande o suficiente para garantir sua liberdade. Nesse dia, você verá que tudo valeu a pena.

Você tem mais de uma fonte de renda?

Se ainda não tem, pense: o que você faria se perdesse o emprego hoje?

Uma das coisas mais importantes que os dividendos das ações e os rendimentos de FIIs podem te proporcionar é a tranquilidade de saber que, mesmo que as coisas deem errado, você perca seu emprego ou não se dê bem nos negócios, você terá renda passiva recorrente, permitindo que, em casos de necessidade, pague suas despesas – ou ao menos boa parte delas.

Isso é libertador. É como se um peso gigante nas suas costas desaparecesse. Tudo fica mais tranquilo. A partir do momento em que seus dividendos já são suficientes para pelo menos manter um padrão de vida simples, tudo muda e aquele risco de ter que pedir ajuda para terceiros, ou até – em casos extremos – passar necessidade e ir morar na rua, desaparece.

Ao contrário da maioria das pessoas que, quando perdem o emprego ou o trabalho, precisam desesperadamente ir atrás de outro emprego e muitas vezes aceitam qualquer coisa, inclusive funções que não farão nada bem para elas – afinal, precisam de dinheiro para pagar as contas –, quem criou uma renda passiva robusta de dividendos pode se dar ao luxo de ficar tranquilo numa situação dessas.

Comece a investir, ainda que pouco, e vá estruturando sua carteira previdenciária, formada por FIIs e ações. Com o tempo, conforme ela for sendo alimentada e realimentada (com reinvestimentos de dividendos), sua carteira vai crescendo e gerando frutos cada vez maiores, que recompensarão a sua disciplina e lhe darão finalmente a tranquilidade buscada.

A barreira do salário mínimo

O valor do salário mínimo é simbólico e, no Brasil, aproximadamente 65% dos aposentados pelo INSS recebem apenas este valor mensalmente. Essas pessoas, em sua grande maioria, trabalharam por 30 anos ou mais. Infelizmente, é bem provável que esses aposentados acabem dependendo da ajuda de terceiros ou mesmo tendo que continuar trabalhando.

Conheço várias pessoas que vivem nessas condições. É a realidade da maioria dos aposentados brasileiros. No entanto, posso contar que é possível antecipar a "aposentadoria" e atingir esse objetivo com apenas dez anos de poupanças mensais. E melhor, com um patrimônio formado, que você pode chamar de seu. Parece irreal, mas, com disciplina e foco, é plenamente possível.

Fazendo as contas, se um jovem de 20 anos começar a poupar R$ 500 todos os meses, investindo esses valores em ações e FIIs, numa carteira que tenha um *Yield* por volta de 7% ao ano, reinvestindo todos os proventos recebidos durante dez anos, esse jovem, aos 30 anos, consegue acumular um patrimônio que garante dividendos mensais médios em torno de R$ 1 mil em valores de 2020, similares a um salário mínimo. Ou seja, em vez de 35 anos do INSS, ele consegue atingir esse objetivo em apenas dez anos, com um patrimônio de quase R$ 200 mil acumulado.

É claro que ninguém quer depender apenas de um salário mínimo, mas receber o equivalente a isso em dividendos, aos 30 anos de idade, certamente já dá a tranquilidade para seguir em frente, perseguindo metas maiores.

Onde investir para a aposentadoria?

Hipoteticamente, considere fazer contribuições mensais de R$ 109,78 (valor referencial de recolhimento para o INSS, equivalente a 11% do salário mínimo oficial de 2020) durante 35 anos de investimentos.

Tome por base os valores de abril de 2020, com moeda constante. Nesta simulação, adotaremos uma rentabilidade real média de 9% ao ano, com um *Yield* de 7%. Quais seriam os resultados comparados entre a previdência social e uma carteira de ações e FIIs?

> Previdência social – total investido: R$ 46.107,60. Patrimônio acumulado: zero. Renda mensal: R$ 998,00.
>
> Carteira de ações e FIIs – total investido: R$ 46.107,60. Patrimônio acumulado: *R$ 295.042,00. Renda mensal: R$ 1.721,07.*

Essas são algumas das principais diferenças entre se aposentar pela previdência social (INSS) ou se aposentar com uma carteira previdenciária. Você precisa reconhecer isso para começar a estruturar sua carteira previdenciária e acelerar sua independência financeira o quanto antes, sem depender unicamente do INSS, um sistema bastante frágil e incapaz de proporcionar uma aposentadoria digna.

Com a previdência social, você investe por cerca de 35 anos e, quando se aposenta, não terá patrimônio algum acumulado, apenas uma devolução de parte daquele capital todos os meses, sendo que, muitas vezes, por se aposentarem em idades mais avançadas, as pessoas sequer recebem todo o capital de volta, antes de partir deste mundo.

Com a carteira previdenciária, através de participações em empresas e empreendimentos, com acumulação de ações e cotas de FIIs, você consegue acumular um patrimônio robusto e uma renda que pode superar os R$ 1,7 mil – quase o dobro do valor a ser pago pelo INSS. Além do mais, ainda tem um patrimônio que, em caso de necessidade, pode ser resgatado para fazer frente a alguma despesa maior (ao custo da redução da renda passiva).

Ainda na segunda opção, caso você opte por acelerar sua independência financeira e queira aportar mais, você consegue reduzir drasticamente o período necessário para chegar à renda desejada, algo que não é possível no INSS.

Começando jovem, você não consegue se aposentar com 15 anos de contribuição no INSS, exceto nos raros casos observados na elite do funcionalismo público, ou por incapacidade de trabalhar causada por alguma doença ou acidente. Através de uma carteira previdenciária, você consegue, dependendo dos aportes, atingir a independência financeira até antes. É você que vai moldá-la.

Nem todos têm a opção de abrir mão do INSS, mas tudo bem, caso você tenha carteira assinada e contribua compulsoriamente, isso não te impede de também começar a poupar e montar uma carteira previdenciária e fazer uma aposentadoria por conta própria. Certamente você não se arrependerá.

Não espere que o Estado te dê a liberdade.
Conquiste-a você mesmo

Em mais ou menos sete anos de investimento, consegui atingir um salário mínimo em dividendos, com 27 anos de idade. Foi uma marca importante para mim. No INSS, provavelmente só conseguiria isso aos 60 ou 65 anos, e sem patrimônio.

O que o INSS oferece para a maioria, aos 60 ou 65 anos de idade, na Bolsa, você pode atingir antes dos 40 anos ou até antes dos 30, se for consistente e disciplinado.

Claro que exige aportes bem maiores que o mínimo do INSS. Considere também volatilidade e alguns riscos no caminho, mas, se você fizer o certo, focar em empresas sólidas e bons fundos imobiliários, sem querer reinventar a roda, certamente conseguirá. E o melhor de tudo: com um patrimônio que é seu, acumulado, e que você, caso precise, pode ainda vender e sacar.

Eis o gosto da liberdade sendo experimentado muito antes do que você imaginava. É isso que a estratégia de formação de uma carteira previdenciária na Bolsa te proporciona.

Não estou estimulando que você não pague o INSS, mas que veja que existem outras opções, muito mais rentáveis e muito mais rápidas. Existe aposentadoria e liberdade além do INSS.

Investimentos ideais para cada objetivo

1. Para reserva de emergência: Tesouro Selic e fundo de renda fixa.

2. Para adquirir um imóvel ou carro: CDB (que ofereça taxa maior de retorno), LCI, LCA, Tesouro Inflação (de curto prazo).

3. Para atingir independência financeira: ações, fundos imobiliários, BDRs, FIP-IE e REITS.

Cada investimento tem um objetivo e um perfil em particular.

Não espere ter rentabilidades elevadas em um Tesouro Selic ou fundo de renda fixa. Esses instrumentos são ótimos para você deixar sua reserva de emergência ou de oportunidade, pois são papéis de baixa volatilidade, altamente previsíveis.

Também não espere entrar na Bolsa e ver o patrimônio só subindo. Isso não vai acontecer.

Na Bolsa, o patrimônio sobe e desce, devendo ser um investimento de longo prazo, não sendo ideal para quem quer utilizar os recursos no médio ou curto prazo.

É sempre bom se lembrar disso. Ainda mais em tempos de juros baixos, quando muitos querem fazer da renda variável um local para deixar a reserva de emergência ou usar para a compra de um bem.

Já ouvi investidor falando que FII é igual à renda fixa. Não é! Você pode até ter menos volatilidade investindo em ações de determinados setores ou FIIs, mas tais ativos continuarão sendo de renda variável.

O dinheiro que vai para a Bolsa deve ter um único propósito: te proporcionar passos de liberdade e lá na frente ajudar no teu sustento, te dando conforto e uma vida digna.

Como investir na Bolsa com menor volatilidade?

Se o sobe e desce da Bolsa te deixa desconfortável, ter uma carteira menos volátil é o ideal. Felizmente, ao contrário do que se diz por aí, ter uma carteira mais defensiva e menos volátil é plenamente possível e qualquer investidor pode montá-la.

Seguindo as premissas abaixo, você consegue reduzir bastante a volatilidade da sua carteira em momentos de instabilidade no mercado financeiro:

1. Concentre sua carteira em empresas boas pagadoras de dividendos.

2. Tenha a maior parte da carteira em empresas de setores anticíclicos.

3. Invista em fundos imobiliários.

4. Evite empresas muito endividadas e com balanço frágil.

5. Faça aportes constantes.

Em quantos papéis o investidor deve concentrar as compras mensais?

Essa é uma questão frequente. Muitos investidores sentem-se confusos, sem saber como direcionar o aporte mensal. O fato é que não existe uma regra ou padrão para a quantidade de ativos a serem considerados para os aportes mensais. Porém, podemos nos guiar por alguns fatores:

1. A capacidade de aportes.

2. Os custos de corretagem e custódia envolvidos.

3. O perfil do investidor.

4. A quantidade de grandes oportunidades oferecidas no mercado naquele momento.

Particularmente, concentro minhas compras mensais em dois ou três papéis, entre ações, fundos imobiliários ou mesmo BDRs. Porém, a depender do número de oportunidades disponíveis naquele período específico do mercado, especialmente em momentos de volatilidade, posso comprar menos ativos ou mais, em um determinado mês.

Por exemplo, se existe um ativo de que gosto bastante e que esteja em um momento de grande oportunidade, com um *Valuation* bastante atrativo, com múltiplos próximos das mínimas históricas e, claro, sem nenhuma questão de deterioração estrutural de seus números, que possa comprometer de forma relevante a saúde financeira daquela empresa, é possível que eu direcione todo o aporte e reinvestimentos de dividendos do mês apenas para ele.

Porém, é comum que exista mais de uma boa oportunidade e, por isso, normalmente minhas compras acabam alcançando um número um pouco maior de papéis.

Independentemente da quantidade exata de ativos a serem comprados mensalmente, o importante é que o investidor concentre suas compras nas melhores oportunidades daquele momento, seja em ações, fundos imobiliários ou mesmo BDRs. Dessa forma, é possível capturar preços bastante atrativos, garantindo uma margem de segurança maior nas compras, *Yields* maiores, além de obter um potencial maior de ganho patrimonial.

Felizmente, por estarmos no Brasil, um país com características peculiares, onde com certa frequência vemos um cenário de volatilidade e receio, tanto por questões políticas, quanto econômicas, é comum termos "promoções" na Bolsa de Valores. Dificilmente o investidor ficará muito tempo sem ter pelo menos algumas boas oportunidades disponíveis.

Um ponto a ressaltar, porém, é evitar a pulverização de aportes mensais em muitos papéis, tendo em vista que os custos com corretagem podem acabar assumindo uma representatividade muito elevada no período, sobretudo para os pequenos investidores, além daqueles que estão iniciando sua jornada.

O recomendado é que os custos com corretagem não superem 2% do valor do aporte, sendo que o ótimo é que eles não superem 1%. Ou seja, se você resolver aportar R$ 1 mil por mês, o ideal é que estes custos não superem R$ 10, o que hoje em dia não é tão difícil, com os preços cada vez mais democratizados das corretoras, fruto da competição no setor e de uma clara tendência de redução desses preços.

Se a corretagem cobrada pela corretora utilizada é de R$ 10, então, neste caso, com um aporte e dividendos que somam um total de R$ 1 mil, o ideal seria comprar apenas um papel.

Exemplo prático de montagem inicial de uma carteira previdenciária

Considerando aportes de R$ 1 mil mensais:

Mês 1: R$ 500 em ação de empresa elétrica. R$ 400 em FII logístico. R$ 100 em renda fixa.

Mês 2: R$ 500 em ação de banco. R$ 400 em FII de shopping. R$ 100 em renda fixa.

Mês 3: R$ 500 em ação de seguradora. R$ 400 em FII de papel. R$ 100 em renda fixa.

Mês 4: R$ 500 em ação de empresa elétrica. R$ 400 em FII logístico. R$ 100 em renda fixa.

O investidor deve aproveitar as melhores oportunidades de cada mês, mas sempre tomando cuidado para não exagerar na quantidade de ativos.

Quem está começando a investir deve fazer uma lista de 10 a 15 ativos para monitorar e mensalmente escolher os que estão mais atrativos, seja em termos de *Yield* ou de múltiplos. No mês seguinte, a oportunidade provavelmente estará em outros ativos, então você compra esses outros, e assim por diante.

Conforme seu patrimônio vai crescendo, passando de R$ 50 mil ou R$ 100 mil, por exemplo, sua carteira pode ficar maior em número de ativos, mas de preferência nunca passando de 20 ou 25 papéis. Obviamente, fiz apenas sugestões. O ideal é que você mesmo vá calibrando sua carteira e os aportes de acordo com seu perfil e gosto.

Como montar uma carteira de viúva?

A "carteira de viúva" é basicamente um portfólio de renda variável focado em geração de renda. Como o próprio nome diz, esse formato de portfólio muitas vezes é herdado por viúvas de seus maridos precavidos, sobretudo nos Estados Unidos. Esses investidores de longo prazo tinham carteiras em grande parte focadas em "dividendeiras" e, com essas carteiras, garantiam uma renda digna às suas esposas e família, mesmo após seus falecimentos.

Um exemplo claro de carteira de viúva pode ser evidenciado pela situação do próprio Décio Bazin, autor de *Faça fortuna com ações antes que seja tarde*. Bazin, já falecido, deixou uma verdadeira "carteira de viúva" para sua esposa.

Por ser majoritariamente focada em renda, a carteira de viúva acaba tendo ótimas características: baixa volatilidade, geração constante de renda, solidez, perfil defensivo e previsibilidade. É quase como uma "renda fixa" da Bolsa. A volatilidade desse portfólio será bem menor e a forte geração de caixa do portfólio garante um perfil de grande previsibilidade e segurança.

Carteiras de viúvas idealmente, na minha visão, devem ser formadas em grande parte por setores e ativos com perfis defensivos e anticíclicos, tais como empresas de energia elétrica, saneamento, telefonia, além de FIIs de *shoppings*, galpões logísticos e recebíveis indexados à inflação.

Mas não pense que essa carteira não é atrativa em termos de rentabilidade. Pelo contrário. Inúmeros *backtests* realizados e simulações de portfólios já demonstraram que uma carteira focada em *Dividend Yield* apresenta rentabilidade alta no longo prazo, com menor volatilidade.

Apresento a seguir um exemplo hipotético de carteira de viúva, com *Yield* estimado de 7% a 8%. Obviamente, cada investidor pode adaptá-lo da forma que achar conveniente:

3 ações do setor elétrico: 20%.

2 ações do setor financeiro: 15%.

1 ação do setor de saneamento: 10%.

1 ação do setor de telefonia: 5%.

1 ação de seguradora: 10%.

2 FIIs de *shoppings*: 15%.

2 FIIs de logística: 10%.

2 FIIs de papel: 10%.

2 FIIs de lajes corporativas: 5%.

Como eu diversificaria uma carteira de R$ 100 mil?

Uma alocação eficaz deve considerar uma boa diversificação setorial entre classes de ativos, visando fluxo de proventos. Por exemplo: cerca de 50% em ações, 40% em FIIs e 10% em renda fixa.

No caso das ações, setores como o financeiro e de energia são conhecidos pela elevada previsibilidade desses segmentos, além de solidez, perenidade e boas perspectivas futuras. São setores em que boas empresas atuantes geram bastante caixa e pagam bons dividendos.

Já nos fundos imobiliários, o foco maior seria em ativos do setor de logística, que, além de terem *Yields* atrativos, ainda possuem ótimas perspectivas com a recuperação da economia, bem como a transformação digital do varejo, com crescimento do *e-commerce*.

Também gosto dos FIIs de papel, pois, escolhendo bem, chegam a pagar um *Yield* próximo de 9% ou 10% ao ano – o que, na prática, representaria algo como 6% reais ao ano, descontando a inflação, o que é um *Yield* real muito bom, com bom *spread* frente aos títulos NTN-B.

Este portfólio, por ser composto em sua maior parte por ativos que pagam bastante dividendos, também tende a ter uma volatilidade muito menor, embora seja altamente rentável.

Cabe destacar que essa alocação em renda fixa pode ser modificada de acordo com seu perfil, uma vez que apenas 10% em renda fixa pode ser algo demasiadamente arrojado para muitos investidores.

O incremento anual da renda passiva

Quando chega o fim do ano, muitos investidores fazem um balanço para verificar a performance do portfólio, avaliar o que foi bem, o que foi mal, os acertos, os erros, o que pode melhorar, como foi a rentabilidade da carteira.

A meu ver, mais importante do que medir a performance de rentabilidade do portfólio, que é uma atitude comumente adotada pelas pessoas, é avaliar o crescimento da renda passiva, composta por dividendos, juros sobre o capital próprio das empresas, rendimentos, aluguéis, dentre outras fontes, pois a renda passiva é o real termômetro da independência financeira.

Tenho o hábito de computar em uma planilha a soma de todos os rendimentos e dividendos que tenho ao longo do ano e gosto de compará-los imediatamente com o mesmo período do ano anterior. É animador ver a renda crescendo todos os anos, sabendo que tais rendimentos estão muito acima da inflação.

Na minha contabilidade, encarando a minha carteira como se fosse uma empresa, vejo os dividendos como os lucros da minha companhia, da qual sou o acionista majoritário, e o valor do patrimônio como o valor patrimonial da empresa.

Logo, mais importante do que verificar o patrimônio crescendo, que é essencial também no longo prazo (sendo aceitável e normal vê-lo cair durante alguns períodos), é apurar o crescimento dos lucros desta *holding* pessoal. Afinal de contas, são esses lucros (dividendos) que pagarão nossas despesas no futuro. São os frutos da nossa carteira previdenciária.

Em 2017, por exemplo, a minha renda passiva cresceu cerca de 69% frente ao ano de 2016, o que considero um resultado muito forte. Afinal, quem ganha aumento de 69% na empresa onde trabalha?

Invista em ativos que se pagam

Sempre tive preferência por papéis que se pagam. Se eu paguei R$ 100 em um FII (ou ação) e ele me pagou ao longo do tempo R$ 100 em proventos, posso dizer que esse investimento se pagou, mesmo sem considerar o ganho de capital.

Entretanto, lembre-se de deixar pelo menos uns 20% da carteira para ativos que podem "se pagar" não em dividendos, mas em ganho de capital e valorização. É o melhor dos dois mundos.

O pinga-pinga

Minha carteira, da forma como está estruturada, com inúmeros FIIs e ações, me paga dividendos praticamente todas as semanas. São poucas as semanas em que não recebo proventos de pelo menos um ativo. A sensação de ter "pingado" caindo na conta com tamanha frequência é ótima.

Receber dividendo quase toda semana é excelente. Claro que

muitas vezes eles são pequenos, mas ainda assim tem sempre algum pingado caindo e que pode ser reinvestido. Dificilmente fico sem algum dinheiro na conta para reinvestir ou mesmo para usar em eventuais imprevistos, caso seja necessário.

Como consegui isso? Simples: tendo uma carteira formada por vários FIIs e ações boas pagadoras de dividendos, que pagam em datas e períodos distintos. O melhor ocorre quando, numa semana, recebo os dividendos de uma ação junto com vários FIIs, pois junta um bolo maior.

Minha carteira não é a que mais valoriza e poderia estar até mais focada em *Small Caps* ou ações de crescimento – tenho, aos poucos, aumentado participação nessas empresas. Mas a sensação de liberdade que ela proporciona não tem preço, além do fato de ter uma volatilidade bem menor.

Quem quer entrar na Bolsa de uma maneira mais tranquila e segura, com menor volatilidade e uma frequente geração de caixa, deveria seguir um caminho similar, mas, claro, sempre deixando uma parte também para as *Small Caps* e casos de valor, que podem se valorizar bem acima da média.

Esse é o perfil de carteira que mais me agrada. Ela não vai te deixar rico rapidamente, mas te dará tranquilidade no longo prazo, te aproximando da liberdade financeira a cada provento recebido e reinvestido.

IX – AÇÕES: O QUE OS NÚMEROS CONTAM

Ações representam muito mais do que apenas um código piscando na tela do *Home Broker*, que oscila de preços a todo momento e serve constantemente como instrumento de especulação para muitos.

Ações são participações em empresas e uma forma inteligente que o pequeno investidor pode utilizar para se tornar sócio de negócios altamente rentáveis. Dificilmente um pequeno investidor conseguiria se tornar sócio ou estruturar negócios lucrativos e escaláveis como aqueles a que ele tem acesso na Bolsa.

Lembre-se sempre disso para não perder o foco e aproveite as oportunidades pontuais, geradas pelos cenários de volatilidade, para aumentar sua participação nas ótimas empresas e assim fazer jus a dividendos cada vez maiores.

Quando 0,01% significa muito

Ter uma fração de apenas 0,01% de uma empresa pode parecer muito pouco, mas, para chegar a este patamar, muitas vezes são necessárias verdadeiras fortunas.

Em 2020, por exemplo, se um investidor possuísse 0,01% das ações da Itaúsa, isso significa que ele teria cerca de 840 mil ações dessa empresa, o que representaria um patrimônio aproximado de R$ 11 milhões, capaz de gerar uma renda média mensal de dividendos de quase R$ 80 mil. É uma aposentadoria dos sonhos.

Já para empresas menores, como Taesa, por exemplo, em 2020 o investidor precisaria de aproximadamente 34 mil *Units* para ser dono de 0,01% dessa companhia de transmissão de energia. Um número um pouco mais realista, mas que também exigiria um capital de quase R$ 1 milhão.

Apesar de parecer inviável obter essas quantidades de ações de uma empresa, no longo prazo (e aqui falamos de mais de 30 anos), com a constância de aportes e reinvestimentos de dividendos, isso torna-se possível, sim.

Não duvido que um investidor focado e disciplinado, que comece a investir aos 30 anos de idade, consiga chegar aos 60 ou 65 anos (talvez até antes, a depender dos aportes e do sucesso de seus investimentos) com 0,01% de alguma grande empresa.

Mesmo que ele não consiga ter a participação de 0,01% de uma única empresa, a sua carteira diversificada e robusta, alimentada e fortalecida durante décadas, certamente lhe proporcionará uma aposentadoria muito digna.

IPO e mercado secundário

Quando você compra ações em uma Oferta Pública Primária (IPO), está financiando uma empresa. Os recursos que você utilizou para comprar as ações vão para o caixa dela. Com esse dinheiro, a empresa pode se expandir, criar empregos e produzir.

> – Ah, mas se você comprar na Bolsa, sem ser IPO, você estará ganhando sem produzir nada.

Neste caso, você estará contribuindo para a liquidez do mercado, o que também beneficia e incentiva as companhias a abrir o capital. Não existe país rico sem um mercado de capitais forte.

Menos Ibovespa, mais empresas boas

Quem olha só para o Ibovespa pode chegar à falsa conclusão de que a Bolsa é um mau negócio no longo prazo sendo que, na verdade, o ideal é observar o desempenho das boas empresas e não o índice, pois a metodologia do Ibovespa é bastante questionável.

O Ibovespa não filtra e nem considera, na sua metodologia, fatores como qualidade, lucratividade e boa gestão das empresas, mas leva em conta critérios como liquidez, valor de mercado e percentual do *float* (percentual de ações das empresas que circulam livremente pelo mercado), o que não tem ligação direta com a qualidade e rentabilidade das empresas.

O fato é que o Ibovespa teve e tem empresas muito ruins no bolo, o que acaba prejudicando muito o seu desempenho ao longo do tempo. Para termos noção, até a malograda OGX teve posição relevante no Ibovespa, na época em que tinha elevada liquidez.

Além disso, o grande peso do Ibovespa está concentrado em bancos e em empresas de *commodities*, como Petrobras e Vale, além de outras grandes companhias, como a Ambev. Essas empresas, por já serem gigantes, naturalmente possuem um potencial menor de crescimento, além do fato de que alguns negócios, por serem bastante cíclicos, naturalmente limitam o potencial do índice durante alguns períodos.

Empresas menores, com elevadas métricas de rentabilidade e grande crescimento, muitas vezes não estão presentes no Ibovespa e, quando estão, têm participação praticamente nula.

Enfim, acompanhe o Ibovespa, mas não dê tanta importância para o seu desempenho. A carteira de um investidor de valor geralmente tem muito pouca correlação com Ibovespa.

Conhecer para investir

> *"Nunca invista em um negócio que você não entende."*
> – Warren Buffett

Essa é uma das frases mais sábias relacionadas a investimentos que já li. Ela só poderia ser de Warren Buffett, que considero o maior investidor da história. Investir em negócios que você entende é essencial não apenas para o sucesso no longo prazo, mas também para seu conforto e segurança.

Dificilmente um investidor que tem boa parcela de seu patrimônio em ações de empresas cujos negócios não consegue compreender, ou mesmo em outros ativos (inclusive *Bitcoins* e outras moedas eletrônicas) que ele não conhece a fundo, conseguirá dormir bem à noite ou investir de forma realmente serena. É bem provável que esse investidor esteja sempre desconfortável e estressado, pensando que na verdade deveria estar na renda fixa ou que a qualquer momento tudo pode dar errado.

No momento em que as ações de uma empresa sobre a qual o investidor não tem entendimento e cujos números nem conhece começam a cair ou sofrer com maior volatilidade, é comum que esse investidor fique aflito e saia vendendo tudo desesperadamente. Afinal, sua decisão de investir nesse ativo não teve respaldo na qualidade do negócio.

Ele simplesmente não saberá se aquela empresa está sofrendo quedas porque está enfrentando uma grande perda de fundamentos e se deteriorando, ou se está se desvalorizando apenas por uma questão pontual de volatilidade natural do mercado.

Além disso, existem empresas em determinados setores que possuem particularidades e ciclicidades, mas muitos investidores desconhecem esses fatores ou não levam isso em conta na hora de investir. Por exemplo, será que todo mundo que investiu na Vale entre 2011 e 2012 sabia que o minério estava na faixa dos US$ 200 e que esses valores estavam bastante inflados, pois a média histórica dos vinte anos anteriores era de cerca de U$ 10?

Naquela época vi muita gente comprando ações Vale porque estavam "baratas" e pagavam "bons dividendos", ignorando todo o contexto e sem se aprofundar no *case*. Será que quem pagou R$

45 ou R$ 50 por ação da Vale em 2011 sabia que, caso o minério de ferro sofresse uma grande queda e a própria demanda da China diminuísse, a Vale enfrentaria grandes problemas, inclusive reduzindo drasticamente seus dividendos?

E quem investiu em OGX no passado? Será que dedicou alguns minutos para ler os *releases* da empresa para saber que a empresa só operava com prejuízos, era extremamente endividada e não gerava caixa? Ou apenas seguiu a onda do Eike Batista cegamente?

Se você quer investir numa empresa, mas não consegue entendê-la, nem conhece seus números, indicadores e sequer entende seu segmento, então, o melhor que você deve fazer, antes de tudo, é estudá-la.

O mesmo serve para fundos imobiliários. Existem muitos fundos que escondem "armadilhas", como renda mínima garantida ou contratos prestes a acabar. Portanto, é importante que o investidor conheça os ativos antes de decidir realizar a compra.

Estude, leia os relatórios, tire suas dúvidas, pesquise, fale com o serviço de relações com investidores se for necessário e sinta-se confortável antes de investir. Prefira investir no que você entende para ficar tranquilo. Além de esse hábito elevar as suas chances de obter sucesso no mercado, ele também te permitirá dormir melhor, o que é essencial para um investidor de longo prazo.

Foco nos dividendos e nos empreendimentos – e não nas cotações

> *"Essa é uma das chaves para o investimento bem-sucedido: foco nas empresas, e não nas ações."*
> – Peter Lynch

Lembre-se de que, ao comprar uma ação, você está se tornando sócio de uma empresa e adquirindo um pequeno pedaço de todo o seu patrimônio.

Esqueça os *tickers* piscando na tela a todo momento. Em vez disso, estude sobre as empresas de que você se tornou sócio. Busque entendê-las e avaliar suas estratégias de longo prazo. É somente quando o investidor assume essa postura que ele passa a investir como os grandes investidores de sucesso.

Sobre o *Dividend Yield*

Um dos indicadores de maior relevância numa análise – e também um dos mais levados em conta pelos investidores na hora de escolher uma ação – é o *Dividend Yield*.

Apesar de ser um nome estranho, sobretudo para quem está iniciando na Bolsa, o *Dividend Yield* é um indicador fácil de assimilar. Ele basicamente demonstra a relação, em termos percentuais, entre os dividendos pagos por ação nos últimos doze meses e a atual cotação da empresa.

Para exemplificar, imagine que a ação esteja cotada hoje a R$ 10 e a empresa pagou R$ 1 por ação nos últimos 12 meses. Dessa forma, o *Dividend Yield* (DY) dessa ação seria de 10%. Isso significa, na prática, que se o investidor possui mil ações dessa empresa há pelo menos um ano, ele recebeu um total de R$ 1 mil em dividendos nesse período.

Evolução dos dividendos anuais por ação, pagos pela Engie (EGIE3)

2001: 1.000 ações: R$ 187 em dividendos.

2018: 1.000 ações: R$ 3.470 em dividendos.

Ou seja, em 2001 a Engie pagou R$ 0,187 por ação. Já em 2018 a companhia distribuiu R$ 3,47 por ação, para seus sócios. A diferença é de 1.760 %. Esse é o poder do investimento de longo prazo, em empresas sólidas.

Mesmo que o investidor tivesse consumido 100% dos dividendos pagos ao longo dos anos e não tivesse comprado mais nenhuma ação da Engie, teria aumentado sua renda passiva em 1.760% ao longo desse período.

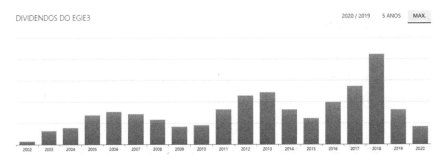

Histórico da distribuição de proventos de EGIE3 em duas décadas (fonte: https://statusinvest.com.br/acoes/egie3 – *link* acessado em 11/09/2020).

O investidor de Engie que resolveu reinvestir todos os dividendos ao longo desse período – o que entendo que seja o correto – teria uma renda ainda muito maior.

Invista em empresas sólidas que crescem e ainda assim distribuem bons dividendos, pois dificilmente você deixará de fazer um ótimo negócio no longo prazo.

O *Shareholders Yield* é um dos indicadores mais importantes numa análise

Muitos investidores acabam atentando demais para o *Dividend Yield* e para os dividendos efetivamente pagos e acabam ignorando outros pontos fundamentais, como recompras de ações e o pagamento de dívidas.

Tanto a recompra de ações quanto o pagamento de dívidas geram benefícios ao investidor, com aumento do LPA (lucro por ação) e melhora do fluxo de caixa. São estes dados que o *Shareholders Yield* apresenta nas entrelinhas dos relatórios e balanços públicos das empresas.

Sobre o ROE

Empresas que remuneram o patrimônio de maneira eficiente são as que tendem a apresentar os melhores resultados no longo prazo. De acordo com Charlie Munger, braço direito de Warren Buffett, dificilmente uma ação vai performar no longo prazo muito mais que sua capacidade de remunerar o patrimônio e o capital.

Mesmo que você compre com desconto uma empresa que tem um ROE (do inglês *Return on Equity* – algo como "Retorno sobre o Patrimônio Líquido" em português) muito baixo, seu retorno tende a ser pior do que pagando mais caro numa empresa de elevado retorno sobre patrimônio. O truque, então, é comprar as melhores empresas.

Em linhas gerais, o investidor deve buscar empresas de ROE elevado, mas também não deve pagar qualquer preço por essa rentabilidade.

Companhias que apresentam ROE superior a 14% ou 15% geralmente indicam uma capacidade elevada de criação de valor. Se uma companhia possui um ROE superior ao seu custo médio ponderado de capital (ou WACC: *Weighted Average Cost of Capital*), então se trata de uma empresa que cria valor.

Se o investidor consegue adquirir empresas que criam valor, sem pagar muito caro por elas, certamente fará ótimos negócios.

Um investidor que adquire uma companhia que possui um ROE de 15% por um P/VPA de uma vez (P/VPA = 1) está na prática adquirindo um ativo pelo valor de seu patrimônio líquido e seu *Earnings Yield* (*Yield* do Lucro) será igual ao seu ROE, ou seja, 15%.

Vale lembrar que a relação "P/VPA" significa o preço da ação dividido pelo valor patrimonial da ação.

Ter um ativo que entrega ao investidor 15% ao ano seria excelente, não é mesmo? Se ele conseguir pagar por essa empresa abaixo de seu valor contábil, então o negócio seria ainda melhor. Apesar de não ser tão comum, em momentos de crise e volatilidade do mercado oportunidades como essas sempre aparecem.

Por outro lado, se o investidor pagar 10 vezes o P/VPA por uma empresa que tem um ROE de 30%, seu *Earnings Yield* será de apenas 3%, o que tende a não ser um bom negócio.

É óbvio que, neste último caso, se a empresa crescer a taxas extremamente altas, o *Earnings Yield on Cost* tende a crescer também, mas o investidor estaria pagando por um crescimento que não aconteceu – e pode vir a não acontecer.

Sobre o P/L

O P/L é um dos indicadores mais importantes na hora de analisar uma empresa e também para realizar o *Valuation* dela. Calcular o P/L de uma ação é simples: é preciso dividir o preço da ação pelo seu lucro por ação (LPA). Outra forma simples e direta de encontrar esta relação é dividir o valor de mercado da empresa pelo lucro dos últimos doze meses.

Em linhas gerais, quanto menor o P/L de uma ação, mais barata ela está. Muitos me perguntam sobre o valor ideal de múltiplo P/L. A verdade é que não existe um número mágico.

O que eu sempre busco fazer é adquirir boas empresas, pagando um P/L abaixo das médias históricas e também abaixo dos pares do setor.

INDICADORES DA TRPL4 ⊚

INDICADORES DE VALUATION

P/L	EV/EBITDA	P/VP	EV/EBIT	P/EBITDA	P/EBIT
6,22	**5,93**	**1,07**	**5,94**	**4,72**	**4,72**

VPA	P/ATIVO	LPA	P/SR	P/CAP. GIRO	P/ATIVO CIRC. LIQ.
19,65	**0,62**	**3,37**	**3,51**	**4,41**	**-0,79**

INDICADORES DE ENDIVIDAMENTO

DÍV. LÍQUIDA/PL	DÍV. LÍQUIDA/EBITDA	DÍV. LÍQUIDA/EBIT	PL/ATIVOS	PASSIVO/ATIVOS	LIQ. CORRENTE
0,17	**0,77**	**0,77**	**0,58**	**0,41**	**2,71**

INDICADORES DE EFICIÊNCIA

M. BRUTA	M. EBITDA			
72,75%	**74,43%**			

INDICADORES DE RENTABILIDADE

ROE	ROA
17,16%	**9,91%**

INDICADORES DE CRESCIMENTO

CAGR RECEITAS 5 ANOS	CAGR LUCROS 5 ANOS
24,55%	**36,20%**

M. EBIT	M. LÍQUIDA
74,40%	**56,45%**

ROIC	GIRO ATIVOS
13,79%	**0,18**

Quadro da plataforma Status Invest que sintetiza os principais indicadores fundamentalistas da ISA CTEEP (TRPL4) com destaque para o P/L de 6,22 e o ROE de 17,16% (fonte: https://statusinvest.com.br/acoes/trpl4 – *link* acessado em 11/09/2020).

Se uma empresa negociou historicamente a 20 vezes o lucro e hoje, mesmo sem perder rentabilidade e sem perder potencial de crescimento, está negociada a 15 vezes, pode ser um ótimo negócio.

Ao analisar companhias inseridas dentro de um mesmo setor, sem grandes diferenças de rentabilidade e crescimento histórico, o investidor que prioriza comprar as empresas de múltiplos menores normalmente faz bons negócios.

Geralmente, essa estratégia garante ótimos resultados no longo prazo, mesmo sendo bem simples de ser executada. Lembro-me de minhas experiências com dois casos emblemáticos: Banrisul (BRSR6) e Ambev (ABEV3).

No primeiro caso, em 2015 as ações do Banrisul chegaram a ser negociadas a um P/L inferior a 5 vezes e um P/VPA menor que 0,40. As ações estavam negociadas abaixo de R$ 5 e esses eram um dos menores múltiplos históricos da empresa.

Para se ter uma ideia, o *Earnings Yield* projetado, naqueles preços, estava acima de 20%. Os riscos e as incertezas também eram grandes, mas era fato que o banco da minha terra natal estava sendo vendido a preço de banana.

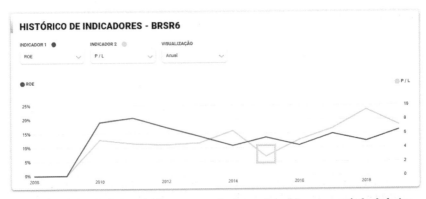

O histórico do P/L de Banrisul mostra, no destaque do gráfico, um período de baixa histórica em torno do ano de 2015, interpretado como uma janela de oportunidade para investidores que observam este tipo de indicador fundamentalista (fonte: https://www.sunoresearch.com.br/acoes/brsr6/ – *link* acessado em 23/11/2020).

Sempre via o pessoal fazendo protestos contra a privatização de estatais, afirmando que vender estatais, sobretudo a preços baixos, é destruir o patrimônio do Estado.

Pois bem, apesar de não ser uma privatização, estava diante da oportunidade de poder adquirir ações do Banrisul muito abaixo de seu valor contábil, por um preço que, caso fosse privatizado, certamente seria lembrado por muita gente como um crime contra o povo.

Alguns meses depois, já em 2016, as ações do banco estatal superavam os R$ 11, tendo multiplicado por mais de duas vezes em um espaço curto de tempo.

Já no caso de Ambev, recordo-me de ter comprado as ações da empresa em 2012 também pagando um P/L abaixo da média histórica e um *Dividend Yield* de mais de 6%. Cerca de dois anos depois, as ações já haviam dobrado de valor. Posteriormente, vendi parte da minha posição, uma vez que os múltiplos já estavam maiores e o crescimento da companhia havia cessado.

Um alerta, porém, para todos os investidores que utilizam o P/L numa análise: tenham sempre o cuidado de checar se este múltiplo está distorcido (por eventos não recorrentes, por exemplo), tendo em vista que isso poderia levar a uma decisão equivocada.

Em geral, o investidor inteligente não deve olhar para um único indicador na hora de tomar decisões de investimento, e sim fazer uma análise de 360°, avaliando não apenas os múltiplos e o *Valuation*, como também fatores ligados à qualidade da gestão, a rentabilidade e a entrega de resultados daquela empresa.

Indicadores essenciais

Boa parte das pessoas que querem entrar no mercado acaba desistindo, pois não sabe quais ações escolher. Minha sugestão é pesquisar por empresas que tenham as seguintes características:

- Lucros constantes ou crescentes nos últimos dez anos.
- Dividendos constantes.
- *Yields* maiores que 6%.
- Dívida líquida/Ebitda menor que 3.

DRE DA TAESA

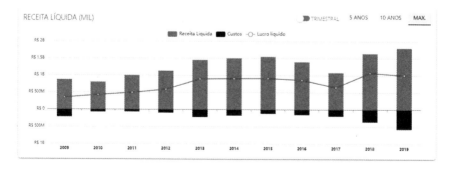

A evolução da Receita Líquida, dos Custos e do Lucro Líquido da Taesa (TAEE11) entre 2009 e 2019 indica lucros constantes e sensível tendência de crescimento dos resultados (fonte: https://statusinvest.com.br/acoes/taee11 – *link* acessado em 11/09/2020).

Foi mais ou menos o que fiz quando comecei, só que na época não tinha o Status Invest para nos ajudar. Essa plataforma reúne dados de empresas e fundos imobiliários de forma prática para os investidores.

Sete características para buscar numa empresa

1. Histórico de crescimento com rentabilidade.

2. Alavancagem saudável.

3. Atuação em setor com perspectivas positivas.

4. Margens elevadas.

5. Vantagens competitivas.

6. Forte geração de caixa.

7. Disciplina na alocação de capital.

Existem outras características e também não é sempre que você encontrará empresas que possuem todas elas simultaneamente. Mas quanto mais desses fatores a empresa possuir, melhor.

Três indicadores para avaliar a saúde de uma empresa

Esses são alguns dos indicadores que mais utilizo para avaliar a saúde financeira de uma empresa:

1. **Margens.** As margens (Bruta e Ebitda) da empresa indicam a sua eficiência e a capacidade de otimização dos processos produtivos e administrativos, além de indicarem possíveis vantagens competitivas. O investidor inteligente deve optar pelas companhias mais eficientes do setor e que estão sempre buscando cortes de custos desnecessários, protegendo o caixa.

2. **ROE.** Este indicador mede a relação entre o lucro líquido de uma companhia e seu patrimônio líquido. Na prática, demonstra quanto cada real de patrimônio da empresa está gerando de retorno. Companhias que geram valor aos acionistas possuem ROE elevado e bem acima do custo de capital. São estas empresas que o investidor deve buscar.

3. **Dívida Líquida / Ebitda.** Quanto menor for a relação da dívida líquida da empresa com a sua capacidade de geração de caixa, mais confortável a dívida é para a empresa e, em tese, em menos tempo poderá quitá-la apenas com sua geração de caixa.

Companhias que possuem margens baixas, alta alavancagem e baixa rentabilidade sobre patrimônio devem, de modo geral, ficar de fora da carteira do investidor de longo prazo, exceto quando existem motivos pontuais para esses indicadores estarem ruins provisoriamente.

Ou seja, se uma empresa historicamente foi rentável, mas pontualmente tem uma piora de indicadores (por conta da pandemia do Coronavírus, por exemplo), isso não é um problema.

INDICADORES DA SAPR11 ⊙

INDICADORES DE VALUATION

P/L		EV/EBITDA		P/VP		EV/EBIT		P/EBITDA		P/EBIT	
7,01	⊘	5,18	⊘	1,26	⊘	6,22	⊘	3,88	⊘	4,66	⊘
VPA		P/ATIVO		LPA		P/SR		P/CAP. GIRO		P/ATIVO CIRC. LIQ.	
21,47	⊘	0,64	⊘	3,87	⊘	1,67	⊘	23,43	⊘	-0,74	⊘

INDICADORES DE ENDIVIDAMENTO

DÍV. LÍQUIDA/PL		DÍV. LÍQUIDA/EBITDA		DÍV. LÍQUIDA/EBIT		PL/ATIVOS		PASSIVO/ATIVOS		LIQ. CORRENTE	
0,43	⊘	1,31	⊘	1,58	⊘	0,51	⊘	0,49	⊘	1,25	⊘

INDICADORES DE EFICIÊNCIA / **INDICADORES DE RENTABILIDADE** / **INDICADORES DE CRESCIMENTO**

M. BRUTA		M. EBITDA		ROE		ROA		CAGR RECEITAS 5 ANOS		CAGR LUCROS 5 ANOS	
61,00%	⊘	43,03%	⊘	18,03%	⊘	9,13%	⊘	12,53%	⊘	20,70%	⊘
M. EBIT		M. LÍQUIDA		ROIC		GIRO ATIVOS					
35,81%	⊘	23,78%	⊘	13,25%	⊘	0,38	⊘				

Quadro da plataforma Status Invest que sintetiza os principais indicadores fundamentalistas da Sanepar (SAPR11) com destaque para a Dívida Líquida/ Ebitda de apenas 1,31; Margem Bruta de ótimos 61%; Margem Ebitda de interessantes 43,03% e ROE atrativo de 18,03% (fonte: https://statusinvest.com.br/acoes/sapr11 – *link* acessado em 11/09/2020).

De modo geral, adquirir companhias saudáveis, que possuem indicadores sólidos, aumenta de forma considerável as chances de sucesso do investidor no longo prazo e o ajuda a fugir de armadilhas.

Checklist para fazer boas compras na Bolsa

Estabelecer um *checklist* pode te ajudar bastante a identificar bons negócios na Bolsa e fugir de armadilhas. Existem outros fatores a serem considerados, mas esses são alguns dos principais pontos a serem levados em conta.

O importante é que o investidor priorize sempre o investimento em bons negócios e deixe aqueles problemáticos para trás. Afinal, se no longo prazo as cotações seguem os lucros das empresas e o crescimento de seus patrimônios, e se você quer ter bons resultados no longo prazo, então precisa se associar a negócios altamente rentáveis e lucrativos, desde que não pague muito caro.

Vamos ao nosso breve *checklist*:

> Em primeiro lugar, devemos verificar se a empresa em questão tem um histórico de lucros crescentes, pesquisando o seu Ebitda ou o lucro líquido nos últimos dez anos. Concomitantemente, deve-se considerar se esta empresa tem vantagens competitivas.
>
> Em caso positivo, é preciso verificar se o endividamento da companhia está em níveis aceitáveis, observando se a sua dívida líquida não ultrapassa três vezes o valor do Ebitda e, ainda, se esta dívida tem um custo baixo de rolagem e se o prazo de pagamento é alongado. Neste ponto, algumas informações estão disponíveis em *sites* como o Status Invest, outras podem ser obtidas pela leitura de balanços e relatórios divulgados pela companhia e, por fim, algumas informações podem ser conseguidas

através do setor de R.I. (Relações com Investidores) das empresas.

É preciso averiguar, também, se o ROE da empresa é um dos maiores do seu setor.

Por fim, o *Valuation* está em conformidade? Aqui, devemos atentar para os múltiplos da empresa (P/L), se estão abaixo dos pares e das suas médias históricas.

Além do DY

Muitas vezes os investidores, sobretudo os novatos, tomam decisões equivocadas, deixando-se guiar pela análise de apenas um ou outro indicador específico, e um dos favoritos é o *Dividend Yield*.

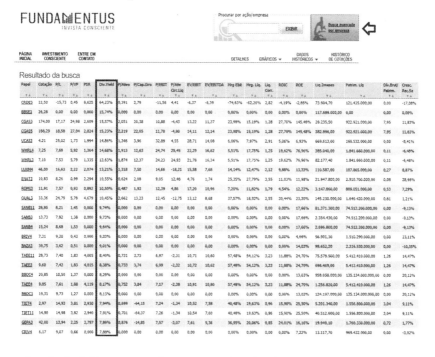

Resultado da "Busca avançada por empresa" realizada na plataforma Fundamentus, orientada pelo DY em destaque (fonte: http://www.fundamentus.com.br/resultado.php – *link* acessado em 11/09/2020).

Quem olha para a tabela do Fundamentus, filtrada pelo indicador do *Yield*, pode acabar caindo no "canto da sereia" e acreditando que os fabulosos 64,23% de *Dividend Yield* da Construtora CR2 (CRDE3) são recorrentes, quando podem não ser.

Ao fazer uma rápida leitura dos indicadores fundamentalistas da CR2, é fácil constatar que seu P/L é negativo, assim como seu ROE e Margem Líquida. Se verificarmos o histórico de distribuição de proventos, descobriremos que a companhia não distribui dividendos desde 2012, mas vem apenas fazendo restituições de capital, com uma lacuna de cinco anos entre 2015 e 2020. Além disso, os proventos entregues em 2020 são claramente atípicos.

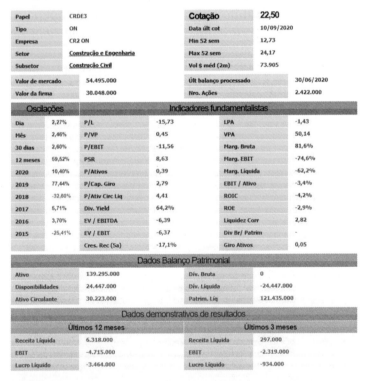

Quadro da plataforma Fundamentus que sintetiza os principais indicadores fundamentalistas da Construtora CR2 (CRDE3), com P/L negativo em -15,73, Margem Líquida negativa em -62,2% e ROE negativo em -2,9% (fonte: http://www.fundamentus.com.br/detalhes.php?papel=CRDE3 – *link* acessado em 11/09/2020).

Proventos:

* A data se refere ao "último dia com", ou seja, a data em que o acionista passa a ter o direito de receber o dividendo caso termine o dia com a ação. A data de pagamento não é listada nessa tabela.

Data	Valor	Tipo	Por quantas ações
13/05/2020	2,0650	REST CAP DIN	1
13/05/2020	2,0650	REST CAP DIN	1
01/04/2020	10,3200	REST CAP DIN	1
27/04/2015	0,2500	REST CAP DIN	1
27/04/2015	1,0000	RestituiÃ§Ã£o de capital	1
30/04/2012	0,0363	DIVIDENDO	1
02/05/2011	0,5000	DIVIDENDO	1
18/11/2010	0,3900	DIVIDENDO	1
30/04/2010	0,0777	DIVIDENDO	1
26/12/2008	0,1951	JRS CAP PRÓPRIO	1
15/08/2008	0,2437	JRS CAP PRÓPRIO	1
26/11/2007	0,0076	DIVIDENDO	1

Tabela da plataforma Fundamentus que apresenta o histórico da distribuição de proventos da Construtora CR2 (CRDE3), com resultados de 2007 a 2020 (fonte: http://www.fundamentus.com.br/proventos.php?papel=CRDE3&tipo=2 – *link* acessado em 11/09/2020).

É sempre importante, na hora de avaliar uma empresa, observar vários múltiplos ou indicadores, e não apenas um deles, bem como avaliar a tendência do setor em que a empresa está inserida, além das questões estruturais, justamente para ter uma análise mais completa.

O *Dividend Yield* é um bom indicador, mas nunca deve ser analisado isoladamente.

Muito cuidado com as queimadoras de caixa. Tem várias por aí

Se uma empresa não me paga muito dividendo, exijo que ela esteja alocando esse caixa de forma mais eficiente do que eu alocaria, para manter ou elevar a rentabilidade sobre o patrimônio. Caso contrário, essa empresa estará destruindo valor e é melhor pular fora.

O único caso em que aceito que a empresa pague pouco (ou não pague) dividendo é quando ela tem uma oportunidade muito boa de investimento que permitirá elevar retorno sobre patrimônio e gerar retornos incrementais. Fora isso, quero a que empresa distribua dividendos robustos, senão deixo de ser sócio.

Por que comprar ações com múltiplos altos pode ser perigoso?

Essas ações geralmente embutem em seus preços um grande otimismo, taxa de crescimento elevada e ganhos relevantes de *Market Share* para o futuro. Quando isso não se concretiza, o papel desinfla e o tombo é grande.

INDICADORES DO BIDI11 ®

INDICADORES DE VALUATION

P/L	EV/EBITDA	P/VP	EV/EBIT	P/EBITDA	P/EBIT
540,39	-	**6,21**	**-662,58**	-	**-662,10**
VPA	P/ATIVO	LPA	P/SR	P/CAP. GIRO	P/ATIVO CIRC. LIQ.
8,96	**1,06**	**0,10**	**14,84**	**9,36**	**-3,08**

INDICADORES DE ENDIVIDAMENTO

DÍV. LÍQUIDA/PL	DÍV. LÍQUIDA/EBITDA	DÍV. LÍQUIDA/EBIT	PL/ATIVOS	PASSIVO/ATIVOS	LIQ. CORRENTE
-	-	-	**0,17**	**0,83**	**1,21**

INDICADORES DE EFICIÊNCIA / **INDICADORES DE RENTABILIDADE** / **INDICADORES DE CRESCIMENTO**

M. BRUTA	M. EBITDA	ROE	ROA	CAGR RECEITAS 5 ANOS	CAGR LUCROS 5 ANOS
53,18%	**-%**	**1,15%**	**0,20%**	**-%**	**-%**
M. EBIT	M. LÍQUIDA	ROIC	GIRO ATIVOS		
-2,24%	**2,75%**	**-%**	**0,07**		

Quadro da plataforma Status Invest que sintetiza os principais indicadores fundamentalistas do Banco Inter (BIDI11), com destaque para o altíssimo P/L de 540,39 e o ROE pouco expressivo, de apenas 1,15% (fonte: https://statusinvest.com.br/acoes/ bidi11 – *link* acessado em 11/09/2020).

Múltiplos altos não devem ser levados em conta de forma isolada e considerados um impeditivo para investir em determinada empresa. Este indicador deve sempre ser avaliado com cuidado, junto com as perspectivas da companhia, seu histórico, métricas de rentabilidade e capacidade efetiva de entregar todo esse crescimento esperado.

Empresas caras

Tão importante quanto comprar ações de boas empresas é saber também quando vender. De nada adianta você comprar uma excelente empresa e pagar um preço extremamente elevado por isso, com múltiplos muito altos e pagando por um crescimento que não aconteceu.

O mercado nos mostra inúmeros casos de empresas de qualidade que eram negociadas a *Valuations* extremamente caros e que, no fim das contas, acabaram gerando prejuízos aos investidores. Então, apesar de a ideia central ser comprar para manter o maior tempo possível, existem algumas situações nas quais vender as ações pode ser melhor.

Quando vender uma ação?

Saber a hora de vender uma ação é tão importante quanto a análise na hora de comprar. Alguns motivos que me levam a avaliar a venda de uma ação:

1. Endividamento muito alto e caro.
2. Alocação de capital ineficiente.
3. *Valuation* muito caro, com otimismo exagerado do mercado frente à ação, revelado no preço dela.
4. Questões regulatórias.
5. Perda constante e recorrente de margens.
6. Incapacidade de se adaptar e ajustar a diferentes ambientes de negócios.

Cuidado ao vender uma ação

Vender empresa boa e que, principalmente, tenha crescimento elevado é quase sempre garantia de arrependimento mais tarde. Se você considera que o ativo não está barato e não se sente confortável comprando mais, sem problemas: apenas mantenha o papel na sua carteira, mas não venda.

Em 2011 um senhor faleceu e sua família descobriu milhares de ações da Panvel em carteira. Tinha uma verdadeira fortuna ali. Eles, no entanto, resolveram vender tudo para fazer a divisão entre os irmãos. De lá para cá, o preço das ações da Panvel se multiplicou várias vezes. Já pensou se eles não tivessem vendido? A fortuna teria se tornado ainda maior.

Meu caso com as Lojas Renner também é emblemático. Comprei ações da empresa em 2009, segurei por alguns anos e vendi. Pior decisão que tomei.

As únicas experiências boas com vendas de ações que tive – ou presenciei – foram referentes a empresas ruins, com resultados em deterioração, ou companhias gigantes com ações muito caras, sem qualquer previsão de crescimento relevante adicional.

Caso a empresa só não esteja barata, mas siga com resultados fortes, segure. *Buy and Hold* é isso: comprar uma ação para, preferencialmente, mantê-la no portfólio pelo resto da vida.

Vale lembrar ainda que, mesmo que o *Valuation* de uma ação não esteja barato, conforme a empresa continue crescendo de forma robusta e a cotação não acompanhe o ritmo, logo o *Valuation* fica bom de novo.

Aprenda com os erros dos outros. É sempre mais barato.

X - A IMPORTÂNCIA DO *YIELD ON COST*

Quando um investidor procura investir em ações que pagam bons dividendos, é muito comum ele olhar apenas para o indicador *Dividend Yield* (DY), que é a métrica que demonstra a relação entre os dividendos pagos por ação nos últimos doze meses e o preço da ação. Quanto maior é o *Dividend Yield* de uma ação, mais a ação tende a remunerar o capital do investidor através de proventos.

Obviamente, existem inúmeros eventos que distorcem esse indicador, mas o fato é que muitos investidores, que buscam ações que pagam bons dividendos, acabam descartando de suas listas de interesse empresas que possuem *Dividend Yield* baixo, justamente por acreditar que essas empresas não vão entregar proventos atrativos para eles.

De fato, uma ação que possui um *Dividend Yield* baixo tende a entregar dividendos baixos no curto prazo, mas isso não é necessariamente algo negativo, nem mesmo para quem busca por dividendos altos.

Geralmente, isso ocorre porque essa empresa está fazendo grande retenção de seus resultados para investir. Empresas com este perfil acabam distribuindo, ao menos momentaneamente, apenas pequenas parcelas de seus lucros, o que acaba se traduzindo em um *Dividend Yield* baixo.

Descartar essas empresas apenas por terem um *Dividend Yield* baixo pode ser uma decisão equivocada em termos de rentabilidade e também de dividendos, no longo prazo, pois o investidor que faz isso pode estar abrindo mão de uma empresa muito saudável e que tem potencial para crescer muito em seus resultados ao longo do tempo.

E não só isso: pode estar abrindo mão inclusive de uma ótima pagadora de dividendos no futuro.

Como os dividendos são as parcelas dos lucros das empresas distribuídos aos acionistas, conforme as empresas crescem, mais elas lucram e, consequentemente, mais dividendos elas distribuem aos investidores: eis a importância de se considerar o *Yield on Cost*.

O que é *Dividend Yield on Cost*?

Basicamente, como o próprio nome diz (*Dividend Yield* no custo), o *Yield on Cost* é a relação entre os dividendos por ação que o investidor recebe de uma empresa e o preço que ele pagou pela ação.

Para exemplificar, podemos imaginar o caso hipotético de um investidor que comprou ações do Itaú (ITUB4) em 3 de janeiro de 2000, pagando cerca de R$ 1,58 por ação preferencial. Como o Itaú cresceu de forma expressiva ao longo de todos esses anos, os dividendos deste ótimo banco também cresceram de forma considerável, o que tornou a relação de dividendos pagos por ação *versus* o preço pago muito alta, ou seja, um elevado *Yield on Cost*.

Para termos uma ideia, apenas durante o ano de 2019, o Itaú pagou mais de R$ 2,70 por ação em dividendos e JCP (já descontados os impostos deste tipo de provento) aos seus acionistas, o que representa um *Yield on Cost*, do nosso exemplo hipotético, de mais de 170%.

Certamente o investidor que comprar ações do Itaú no futuro receberá um *Dividend Yield* muito menor que o *Yield on Cost* de quem comprou no começo dos anos 2000.

| ANO PASSADO R$ 2,7070 | ANO ATUAL R$ 1,1796 | COMPARAÇÃO ↓ 56,42% | PROVISIONADO R$ 0,0450 | COMPARAÇÃO + PROVISIONADO ↓ 54,76% |

TIPO	DATA COM	PAGAMENTO	VALOR
JCP	20/02/2020	06/03/2020	0.52350000
DIVIDENDO	30/01/2020	02/03/2020	0.01500000
DIVIDENDO	30/12/2019	03/02/2020	0.01500000
JCP	12/12/2019	06/03/2020	0.03756000
DIVIDENDO	29/11/2019	02/01/2020	0.01500000
DIVIDENDO	31/10/2019	02/12/2019	0.01500000
DIVIDENDO	30/09/2019	01/11/2019	0.01500000
DIVIDENDO	30/08/2019	01/10/2019	0.01500000
DIVIDENDO	15/08/2019	23/08/2019	0.78690000
DIVIDENDO	31/07/2019	02/09/2019	0.01500000
DIVIDENDO	28/06/2019	01/08/2019	0.01500000
DIVIDENDO	31/05/2019	01/07/2019	0.01500000

‹ 1 **2** 3 4 5 6 7 ›

Detalhe de tabela com dados da distribuição de proventos de ITUB4 em 2020 e 2019 (fonte: https://statusinvest.com.br/acoes/itub4 – link acessado em 11/09/2020).

Gráfico com o histórico das cotações de ITUB4 entre 07/10/1998 e 10/09/2020 (fonte: http://www.fundamentus.com.br/cotacoes.php?papel=ITUB4 – link acessado em 11/09/2020).

133

Porém, havendo a manutenção de crescimento do banco, com potencial de distribuição mais robusta de resultados, a tendência é que, quem comprar ações do Itaú o quanto antes, acabe garantindo um *Yield on Cost* bem atrativo no futuro.

Apenas para constatação, a ação preferencial do Itaú foi cotada em R$ 23,91 em 10 de setembro de 2020, com um DY estimado em 5,41%, já considerando as restrições de distribuições de dividendos para este período atípico.

Por que levar em conta o *Yield on Cost*?

Como pudemos verificar, o *Dividend Yield on Cost* é uma métrica interessante, pois permite ao investidor ter uma real noção de quanto de dividendos ele recebe em relação ao preço que ele pagou na ação, e o quanto ele recebe em relação aos recursos que de fato desembolsou no passado, efeito que não é considerado e capturado no *Dividend Yield* atual das ações. Assim, o *Dividend Yield on Cost* é importante também para mostrar ao investidor o efeito dos dividendos crescentes sobre o seu capital investido.

O investidor que compra uma ação de olho no crescimento da empresa, abrindo mão de um *Yield* mais alto hoje, pode estar buscando na verdade um elevado *Yield on Cost* futuramente, o que também se traduzirá em elevados dividendos em relação aos recursos desembolsados.

Não são raros os casos de investidores de longo prazo que possuem *Yields on Cost* de mais de 100% ou até mais de 200% sobre o preço pago por algumas de suas ações.

Outro caso interessante é o da Unipar. Quando estudamos suas ações (UNIP6) em 2017, elas estavam cotadas por volta dos R$ 5 ou R$ 6 durante algum tempo – vamos adotar o valor de R$ 5,05 apurado em 20/07/2017. Nessa época, seu *Dividend Yield* era relativamente baixo, o que desanimava muitos investidores, que acabavam evitando a compra das ações, já que não pagavam tanto dividendo.

Porém, após a aquisição da Indupa e a valorização da soda no mercado internacional, que levaram a empresa a obter forte crescimento nos resultados, a Unipar passou a apresentar lucros muito maiores, e isso obviamente se refletiu em seus dividendos.

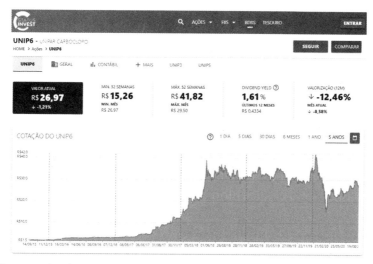

Gráfico com o histórico das cotações de UNIP6 entre 14/09/2015 e 10/09/2020 (fonte: https://statusinvest.com.br/acoes/unip6 – *link* acessado em 11/09/2020).

Mesmo sem considerar os dividendos extraordinários e não recorrentes que a empresa pagou ainda em 2017, apenas considerando os dividendos pagos em 2020, a empresa entregou mais de R$ 0,43 por ação.

Pela cotação de 10/09/2020 em R$ 26,97, o DY estimado da Unipar Carbocloro resultou em 1,61% – o que parece pouco, mas, para quem comprou por R$ 5,05 em 2017, por exemplo, tal resultado se traduz em um *Yield on Cost* de aproximadamente 8,5%, ou quatro vezes o que a renda fixa remunerou no mesmo período.

Conforme a Unipar continue crescendo em seus resultados, o *Yield On Cost* tende a se elevar ainda mais.

ANO PASSADO R$ 0,3010	ANO ATUAL R$ 0,4334	COMPARAÇÃO ↑ 43,97%	PROVISIONADO R$ 0,0000	COMPARAÇÃO + PROVISIONADO ↑ 43,97%

TIPO	DATA COM	PAGAMENTO	VALOR
DIVIDENDO	09/04/2020	22/04/2020	0.43338908
DIVIDENDO	17/04/2019	30/04/2019	0.30103281
DIVIDENDO	18/10/2018	30/10/2018	0.26297536
DIVIDENDO	18/10/2018	30/10/2018	1.28031604
DIVIDENDO	18/04/2018	30/04/2018	1.16650183
DIVIDENDO	01/08/2017	11/08/2017	0.03791010
DIVIDENDO	27/07/2017	08/08/2017	3.35498038
DIVIDENDO	27/07/2017	20/12/2017	1.29000000
DIVIDENDO	01/05/2017	12/05/2017	0.35921494
DIVIDENDO	29/04/2016	12/05/2016	0.31730879
DIVIDENDO	15/04/2015	04/05/2015	0.24740000
DIVIDENDO	29/04/2014	25/06/2014	0.01940000

< **1** 2 >

Detalhe de tabela com dados da distribuição de proventos de UNIP6 entre 2014 e 2020 (fonte: https://statusinvest.com.br/acoes/unip6 – link acessado em 11/09/2020).

De olho nos dividendos futuros

Posso afirmar que comprar empresas sólidas e que apresentam *Dividend Yields* elevados no presente é uma estratégia interessante. Particularmente, aprecio empresas que são fortes geradoras de caixa e distribuem boas parcelas dos seus lucros aos acionistas.

Também gosto de investir em empresas que hoje podem não entregar *Yields* muito atrativos, mas que, pelo potencial de crescimento de suas operações, tendem a ter o *Yield on Cost* subindo.

Mesmo o investidor que é amante dos "pingados" deveria considerar seriamente abrir um bom espaço na sua carteira para empresas com esse perfil: apesar do menor *Yield* momentâneo, com o crescimento esperado, essas empresas podem se tornar inclusive os maiores *Yields* da carteira do investidor no futuro.

XI – FIIS: RENDA RECORRENTE COM MENOS SOLAVANCOS

Algumas pessoas me perguntam por que tenho boa parte da carteira em fundos de investimentos imobiliários (FIIs). Respondo:

1. Alta previsibilidade.

2. Dividendos mensais.

3. Rentabilidade elevada.

4. Baixa volatilidade.

Como costumo dizer, não é "ou", mas "e". Uma carteira ideal comporta ações e FIIs muito bem. Entretanto, isso não significa que você deva comprar qualquer FII e pronto.

Assim como em ações, existem FIIs bons e FIIs ruins. Há, ainda, os FIIs caros, que pagam poucos dividendos e não têm muito espaço para valorização. Mas, se você procurar, encontrará várias oportunidades. E o melhor de tudo são os pingados gotejando todos os meses em sua conta. Depois que você começa a receber os rendimentos, fica habituado.

Dividendos recorrentes

Considerando as cotações médias de maio de 2020 e o valor de R$ 10 mil investido em apenas um ativo, veja quanto cada FII da lista a seguir rendeu mensalmente somente em dividendos:

BCRI11: R$ 70,00.

HCTR11: R$ 81,92.

IRDM11: R$ 69,32.

HABT11: R$ 77,00.

OUJP11: R$ 62,70.

CPTS11B: R$ 67,60.

HGCR11: R$ 59,00.

KNHY11: R$ 47,00.

MXRF11: R$ 69,23.

VRTA11: R$ 66,00.

Se você tivesse R$ 10 mil aplicados em apenas um fundo dessa lista, teria recebido algo bem próximo desses valores. Isso apenas em dividendos, sem considerar a possível valorização de cada ativo.

Parece confuso? Explico: imagine que você tenha comprado 100 cotas de um fundo que custa R$ 100 cada cota, investindo R$ 10 mil. Se o fundo anunciar um dividendo de R$ 0,50 por cota, você receberia então R$ 50 de dividendos na sua conta de investimento.

Sei que para a maioria das pessoas isso parece pouco, mas acredite: são valores atrativos, especialmente dentro de um contexto de juros baixos na economia. Para se ter uma ideia, os mesmos R$ 10 mil investidos na caderneta poupança entregariam algo em torno de R$ 18 por mês, no período considerado. Fundos de renda fixa também entregariam algo nessa faixa.

Vale lembrar que há, ainda, o efeito dos juros compostos. Conforme você vai usando o dividendo para comprar mais cotas, mais você recebe, fazendo crescer o bolo. Por fim, existe o potencial de ganho de capital, caso as cotas dos fundos venham a se valorizar.

Fundos imobiliários não valorizam?

É comum ouvir que os fundos imobiliários não se valorizam ao longo do tempo e nem entregam retornos consideráveis, visto que são estruturas mais passivas e possuem grande dependência dos ciclos econômicos e ciclos imobiliários. Já o aporte em ações é o único investimento a ser considerado para muitas pessoas, por se tratar de alocação de capital em empresas com estruturas mais dinâmicas e um DNA focado em crescimento.

Dessa forma, é nítido o maior interesse das pessoas em ações, em detrimento dos fundos imobiliários. Boa parte delas descarta a opção de investir em FIIs, afinal de contas, qual o sentido de investir em um ativo que tem a oscilação de ações (risco de mercado), mas que não cresce e entrega um retorno baixo?

Se isso fosse verdade, realmente faria sentido. Mas será que as empresas – por serem estruturas focadas no crescimento e que fazem retenção de lucros para investir na expansão operacional – são realmente as únicas opções rentáveis? Quando avaliamos a performance geral dos ativos, considerando o efeito dos dividendos e seus reinvestimentos, vemos que o cenário não é bem assim.

Você conseguiria imaginar que o fundo imobiliário detentor de participação do Shopping Pátio Higienópolis, em São Paulo/SP (SHPH11), um fundo passivo, entregou um retorno maior que as ações da Ambev (ABEV3) entre 2008 e 2017? Parece difícil de acreditar, mas realmente ocorreu.

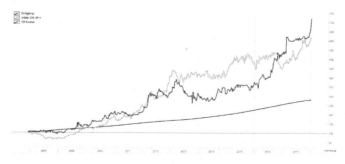

Gráfico de comparação de desempenhos entre FII SHPH11, ABEV3 e o CDI acumulado no período entre 2008 e 2017 (fonte: https://www.sunoresearch.com.br/artigos/fundos-imobiliarios-nao-valorizam/ – *link* acessado em 15/09/2020).

Num período semelhante, entre 2010 e 2017, se compararmos o FII PQDP11, detentor de participação no Shopping Parque Dom Pedro, em Campinas/SP, fica difícil de imaginar que ele entregou uma performance absurdamente maior que o investimento em ações do Grupo Iguatemi (IGTA3), não é? Afinal de contas, o Iguatemi possui *shoppings* muito valiosos e tem uma gestão focada no crescimento. Mas, novamente, um FII levou a melhor.

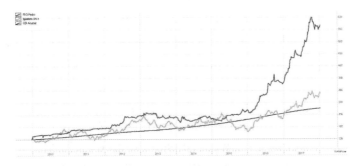

Gráfico de comparação de desempenhos entre FII PQDP11, IGTA3 e o CDI acumulado no período entre 2010 e 2017 (fonte: https://www.sunoresearch.com.br/artigos/fundos-imobiliarios-nao-valorizam/ – *link* acessado em 15/09/2020).

Como isso é possível? De um modo geral, podemos afirmar que as estruturas dos FIIs são muito menos onerosas, já que recolhem bem menos impostos, possuem poucos funcionários e não pagam bônus vultosos aos administradores no final de cada ano, o que possibilita uma estrutura bem mais leve, em que o fluxo de caixa é quase todo do investidor.

Além disso, muitas empresas se endividam para cumprir com seus investimentos, o que acaba consumindo boa parte do seu fluxo de caixa, que é destinado ao pagamento de dívidas.

Então, isso significa que devo parar de olhar para as ações e me concentrar em FIIs? Não. Apesar de muitos FIIs terem entregado resultados superiores, há muitas ações que proporcionam resultados fantásticos e jamais deveriam ser ignoradas pelos investidores. O ideal seria que os investidores deixassem de lado essa visão antagonista e passassem a ver que a melhor opção, possivelmente, seja ter ambos: FIIs e ações.

Fundos imobiliários não entregam bons retornos?

Frequentemente, investidores afirmam que fundos imobiliários rendem pouco ou possuem um retorno médio bem abaixo das ações. Muitos investidores, inclusive, possuem apenas ações em seus portfólios. Mas será que isso faz sentido?

Se tomarmos como base mercados maduros e com grande histórico, poderemos contestar tais premissas. Por exemplo: nos Estados Unidos, de 1971 a 2011, o índice de NAREIT (que seria similar ao nosso IFIX – índice de fundos imobiliários da B3) entregou o maior retorno aos investidores, mesmo quando comparado com índices de ações, como S&P 500, Dow Jones e Nasdaq.

Nesses 40 anos, enquanto o S&P 500 entregou um retorno anual médio de pouco menos de 11%, o FTSE NAREIT teve uma rentabilidade média de 11,95% ao ano. No Brasil, não temos um histórico ainda tão longo, mas até 2019 o IFIX entregou um retorno bem superior ao do Ibovespa.

De qualquer forma, duvido que alguém imaginasse que um fundo imobiliário de *shopping*, com gestão passiva, pudesse entregar um retorno total bem superior ao de algumas ações de empresas excelentes, como Ultrapar, Ambev e até mesmo Lojas Renner. Pois foi exatamente isso que ocorreu entre 2009 e 2019.

Nesse período, podemos verificar, ainda, que outros fundos de *shoppings*, e também fundos educacionais (que possuem ativos alugados para faculdades), conseguiram superar retornos de empresas consolidadas, como Ambev e Ultrapar.

Vender jujubas ou investir em FIIs?

Exemplo de carteira que pagaria, com base nos dados disponíveis em 31 julho de 2020, algo próximo de R$ 100 por mês de renda passiva:

- 43 cotas de UBSR11: R$ 30,10.

- 40 cotas de XPLG11: R$ 22,80.

- 70 cotas de HGRU11: R$ 47,60.

Valor da carteira: R$ 18,2 mil. Vale lembrar que essas menções não representam uma recomendação, e sim um exemplo com viés educativo. Antes de sair comprando um FII, estude: entenda o que há por trás daquele ativo antes de tomar sua decisão ou conte com a ajuda de especialistas que atuam em casas de análises, como a Suno Research.

Muitos dirão que receber R$ 100 por mês é pouco e que vendendo jujuba nas esquinas se consegue muito mais. Essas são pessoas que querem investir R$ 18 mil e receber R$ 1.500 por mês. Eis as sequelas de toda uma cultura na Internet, que prega ganho fácil e ilusões.

Vender jujubas pode dar bem mais que isso? Pode, sim, mas o sujeito pode perder tudo, também. Se você prefere comprar e vender jujuba, água mineral ou até mesmo entrar em pirâmide, boa sorte na sua empreitada.

Na Bolsa não existe dinheiro fácil e quem fala que existe provavelmente está ganhando dinheiro fácil vendendo cursos. Essa é a realidade.

De qualquer forma, se você é alguém com os pés no chão, não cai mais no papo de golpistas e vendedores de ilusões. Se criar uma carteira do zero, receber dividendos, fizer novos aportes e for reinvestindo os proventos, certamente poderá trilhar um caminho extremamente eficiente para obter uma boa renda passiva no futuro.

Mas os rendimentos dos FIIs também flutuam. Não espere algo fixo, pois fundos imobiliários se enquadram em renda variável, que não é renda fixa.

Maior retorno com maior risco

Ouço muitos afirmarem que a grande maioria dos FIIs tem *Yields* muito baixos e não compensa o investimento, e os FIIs que têm *Yields* altos são de ativos com vacância anunciada, basicamente marcados para morrer.

De fato, em 2020 os *Yields* médios dos FIIs ficaram próximos de 0,5%, 0,6% ao mês. Não que sejam baixos, principalmente levando em conta o contexto dos juros praticados na economia, mas certamente não é um *Yield* que faz brilhar os olhos.

Mesmo fundos de recebíveis não fugiram muito disso, após as recorrentes valorizações das cotas e a queda dos *spreads* em relação aos produtos de renda fixa. Muitos não sabem, mas existem os chamados fundos de CRI do tipo *High Yield*, que possuem suas carteiras majoritariamente formadas por certificados de recebíveis pulverizados.

São ativos naturalmente de maior risco, mas também com taxas bem elevadas. Para investidores que entendem o risco e a dinâmica dessas operações de crédito, e sentem-se confortáveis com as garantias, pode fazer sentido ter fundos com este perfil na carteira.

A casa que virou uma carteira de fundos imobiliários

Um amigo me contou que o pai dele tinha uma casa num bairro periférico. Estava alugada por R$ 800 por mês e o imóvel valia cerca de R$ 280 mil. De tempos em tempos, os inquilinos deixavam de pagar e saíam do imóvel.

Além de ter que assumir os custos com IPTU, o pai do meu amigo ficava sem a renda e ainda tinha custos com reparos frequentes. No fim das contas, boa parte dos aluguéis que ele recebia era destinada para reformas e manutenção daquela casa.

Para piorar, encontrar um inquilino não era tão fácil e várias vezes demorava para o imóvel ser alugado novamente. Então, ele decidiu vender a casa. Pegou R$ 250 mil em dinheiro no imóvel. Usou R$ 25 mil para reserva de emergência e, com os outros R$ 225 mil, formou uma carteira de FIIs, por sugestão de seu filho.

No primeiro mês, recebeu cerca de R$ 1.600 e ficou superfeliz. Afinal, ele dobrou a renda e se livrou de toda aquela dor de cabeça. Aos 72 anos e após ter feito alguns novos aportes, colocando mais capital que estava na renda fixa, recebe em torno de R$ 2.300 por mês. Tudo isso com noites de sono mais tranquilas.

Esse amigo é o Jean Tosetto, autor e editor de livros sobre investimentos da Suno Research (e que me ajudou e escrever esta obra). Imagine se todo pai tivesse a oportunidade de ter um filho como o Jean para ajudá-lo a investir? A história do pai dele é uma inspiração para muitos.

Mais legal ainda foi a forma como ele se comportou na crise causada pela pandemia do Coronavírus: observou a manutenção da renda passiva e pouco se importou com a oscilação patrimonial. *"É tudo momentâneo, isso passa"* – disse ele, coberto de razão.

Poucos meses depois, a Bolsa teve uma forte recuperação e, o melhor de tudo, a renda passiva deste senhor praticamente não oscilou. Os pingados seguiram caindo como reloginho. E sem toda a dor de cabeça que tinha antes.

Apesar de ser um novato na Bolsa aos 70 anos, o pai do Jean deu uma aula para muitos veteranos. É claro que ter um filho como o Tosetto contou demais. Porém, mesmo quem não tem essa sorte também pode ter a esperança de ver um parente, pai ou amigo próximo na Bolsa.

Obviamente, não é recomendável colocar uma bolada de uma vez só na Bolsa, sem entender bem os riscos e o que se está fazendo.

Mas se você conhece um dono de imóvel que virou fonte de preocupações, consumindo tempo e oferecendo baixa rentabilidade, peça para ele considerar a venda deste imóvel, colocar o dinheiro na renda fixa e depois, aos poucos, migrar para a Bolsa, priorizando fundos imobiliários e ações de dividendos.

Meu pai também tem um imóvel alugado. Recebe cerca de R$ 750 por mês. Só não o incentivei a vender porque o imóvel deve valer uns R$ 150 mil e, portanto, o *Yield* não está ruim. Na faixa de renda dele, também não é necessário pagar imposto de renda. Não fosse isso, eu o aconselharia a vender e fazer a migração gradual.

Mais de um milhão

Em agosto de 2020 ultrapassamos a marca de um milhão de investidores em fundos imobiliários na Bolsa de São Paulo. Parabéns a todos que de alguma forma contribuíram para isso.

Lembro-me de quando comecei a investir em FIIs, ao final de 2013: éramos cerca de 100 mil apenas. De lá para cá, a indústria cresceu muito e os FIIs começaram a ganhar um pouco da visibilidade que tanto merecem.

Ainda há muito para ser feito, mas estamos evoluindo. De minha parte, a meta é continuar educando, de forma que esses novos investidores não se tornem detratores do mercado em um ciclo de baixa.

NÚMERO DE INVESTIDORES

Evolução do Número de Investidores com posição em custódia(mil)

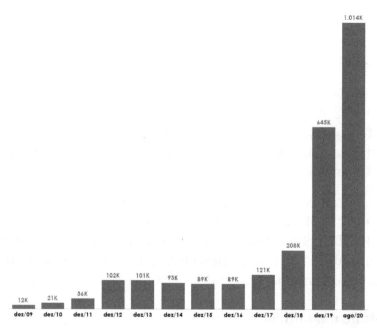

De acordo com dados divulgados pela B3, em dezembro de 2009 apenas 12 mil investidores tinham cotas de FIIs nas carteiras. Já em agosto de 2020, esse contingente saltou para mais de um milhão (fonte: http://www.b3.com.br/pt_br/produtos-e-servicos/negociacao/renda-variavel/fundos-de-investimentos/fii/boletim-mensal/ – link acessado em 15/09/2020).

Lembre-se de que os FIIs são excelentes ativos, mas eles também caem, especialmente quando a curva de juros vira para cima. E cedo ou tarde isso ocorrerá. Não se preocupe, pois essas quedas serão ótimas oportunidades para comprarmos mais cotas por menos reais.

Muita calma nessa hora

Vejo algumas pessoas tirando todo o dinheiro da caderneta de poupança para alocar em FIIs. Soube de um sujeito que vendeu um imóvel para comprar tudo em FIIs, também. Será que essa turma realmente está ciente da volatilidade dos FIIs e dos riscos?

FIIs são ótimos, mas não são renda fixa: eles variam na renda e no patrimônio e, por vezes, até mais que algumas ações. Quem entra em FII com tudo o que tem, numa tacada só, provavelmente vai se assustar e se frustrar. Isto é perigoso.

Quer tirar recursos da poupança ou vender um imóvel para investir em FII? Ótimo. É uma boa decisão. Mas faça aos poucos. Fracione o valor e vá alocando ao longo dos meses.

Assim, você vai se acostumando com a volatilidade, reduz risco de preço médio muito elevado e vai entendendo melhor sobre este mercado, além de manter um caixa disponível, caso surjam novas oportunidades.

Parâmetros gerais para analisar FIIs

Os fundos imobiliários são fonte de renda passiva mensal. Então, é natural que os investidores foquem no *Dividend Yield* dos FIIs em suas análises. Há quem persiga os maiores rendimentos possíveis, mas isto pode ocultar uma armadilha: quando o DY de um fundo cresce mês após mês, ao passo que o preço de sua cota cai sem parar, pode ser que o fundo esteja em processo de insolvência. Isso ocorre em casos de fundos que possuem apenas um imóvel cujo contrato de locação está prestes a acabar ou é rompido pelo inquilino, por exemplo.

Logo, além de optar por FIIs com mais ativos na carteira e mais inquilinos, verifique o histórico dos rendimentos mensais: se são contínuos e em linha com os pagamentos mais recentes.

O *Dividend Yield* de um fundo imobiliário deve considerar, ainda, um prêmio frente às principais referências para taxas de retornos do mercado, como a taxa Selic, o CDI, o IPCA, o IGP-M e os títulos do Tesouro Direto. Esse prêmio varia conforme a estratégia de cada investidor, mas gira em torno de 3% a 6% sobre o *benchmark* a ser adotado, pois muito acima disso significa assumir mais riscos.

Sabemos que os FIIs, em geral, possuem menos liquidez que as ações. Porém, é importante que tenham liquidez suficiente para permitir que o investidor desmonte suas posições em prazos curtos, em caso de necessidade. Para tanto, verificar se o FII em análise faz parte do IFIX é uma boa medida de segurança.

Outro fator importante na análise de um FII é a relação entre o preço da cota e o valor patrimonial da cota (P/VP). Quanto mais próximo de 1 for esta relação, desde que sustentando um *Dividend Yield* razoável, melhor. Valores muito acima de 1, como 1,3, por exemplo, indicam que o preço da cota pode estar alto. Por outro lado, valores muito abaixo de 1 podem esconder riscos futuros, especialmente se o *Dividend Yield* estiver muito elevado.

Ao baixar os relatórios gerenciais dos FIIs, é importante procurar informações sobre eventuais inadimplências, sejam de pagadores de juros em fundos de papéis, sejam de inquilinos de imóveis pertencentes aos fundos de tijolos.

Os fundos de papéis operam basicamente com CRIs – Certificados de Recebíveis Imobiliários. Cabe ao investidor verificar quem está na outra ponta de cada CRI presente na carteira de um FII.

Já nos fundos de tijolos, é preciso fazer levantamento semelhante em relação à qualidade dos inquilinos. As vacâncias de imóveis são comuns no mercado, mas devem ser reduzidas, ainda mais em comparação aos pares do FII a ser estudado.

Ainda sobre os imóveis de fundos de tijolos, é fundamental prestar atenção na durabilidade dos contratos e saber se são típicos ou atípicos. Teoricamente, os contratos atípicos são mais seguros, pois garantem o pagamento integral dos aluguéis, mesmo diante da eventual desistência do inquilino antes de seu término.

Os bons gestores de fundos imobiliários estão sempre à procura de imóveis com as melhores localizações possíveis e não esperam os contratos vencerem para preparar a locação do imóvel para outros inquilinos.

No caso dos fundos de papéis, é preciso que os gestores tenham alinhamento com os cotistas, no sentido de promoverem a alocação correta do capital, selecionando cada CRI sob a ótica da segurança jurídica.

Gestores que deixam o patrimônio do FII por muito tempo sobre a mesa devem ser evitados, mesmo que cobrem taxas mais acessíveis para cuidar do dinheiro dos cotistas. A propósito, quanto maior for o patrimônio líquido de um fundo imobiliário, maior será a sua solidez.

Não existe uma receita pronta e fixa para escolher um bom fundo imobiliário. Cada investidor deve desenvolver seus filtros e procedimentos conforme isso o deixe tranquilo para seguir em frente. No entanto, se você prestar atenção nos pontos que acabei de levantar, estará no caminho certo.

XII – OS CICLOS DO MERCADO FINANCEIRO

Se hoje o seu patrimônio cresce todos os dias e a Bolsa praticamente apenas sobe, pode ter certeza de que chegará um dia em que o contrário ocorrerá. Quando? Não sei. Pode demorar ou não. O que sei é que você deve se preparar para esse momento e ir às compras quando ele chegar.

Sempre gosto de bater nessa tecla, pois tivemos um aumento gigante de investidores na Bolsa a partir da segunda metade da década de 2010.

Quando o mercado está aquecendo, os investidores novatos pegam uma fase de puro oba-oba. É Bolsa subindo todo dia, ação de empresa ruim subindo, FII disparando: dá a impressão de que você descobriu enfim a mina de ouro da sua vida. Todo dia o patrimônio aumenta: até parece esquema de pirâmide.

Tudo isso vai gerando interesse em terceiros, que também querem participar da festa, achando que a Bolsa só cresce, criando um círculo vicioso. Mas não se iluda. Chega um momento em que a Bolsa passa a cair meses seguidos e seu patrimônio vai diminuindo quase todo dia. Nestas épocas, muitos falam que Bolsa é um cassino ou um negócio que não vale a pena.

Quando a Bolsa começa a cair, muitos investidores novatos – por terem entrado no oba-oba, sem entender devidamente como funciona o mercado e a razão pela qual realmente deveriam investir – saem desesperados, pois não estão preparados para dias de tormentas.

Muitos deles jogarão a culpa nos *influencers* que os incentivaram a ingressar na Bolsa, propagando o clima de euforia. De minha parte, não quero carregar essa culpa injustamente.

Independentemente de a próxima queda estar próxima ou não, cabe a você se preparar desde já. Como?

1. Entendendo que a renda variável varia e ciclos de queda ocorrerão inevitavelmente.

2. Tendo uma parcela do patrimônio em renda fixa, como reserva de oportunidades.

3. Compreendendo que quedas são oportunidades de comprar barato e aumentar o fluxo de dividendos. É como ir ao supermercado em dia de promoção.

A linha reta não existe na renda variável

É sempre bom lembrar: o mercado nunca subiu e nunca subirá em linha reta. Mesmo em períodos de *Bull Market*, o mercado é volátil e apresenta variações constantes, intercalando movimentos de alta com períodos de queda.

O investidor que entra na Bolsa pensando que ela sobe em linha reta terá uma grande frustração. Mas não se preocupe, pois os períodos de queda são ótimas oportunidades de acumular mais ativos de boas empresas e bons empreendimentos a preços bem mais interessantes.

Quanto mais cotas de um FII ou ações de uma empresa você possuir, mais dividendos receberá. Logo, comprar nas quedas é a sua oportunidade de acumular mais ativos geradores de renda, pagando bem menos por eles.

Controle para contrariar

Aqueles que comemoram a Bolsa em alta são os mesmos que se desesperam e vendem tudo quando a Bolsa cai. Esse é um padrão que se repete há muito tempo.

O incauto comemora a Bolsa em alta. Xinga e esbraveja quando cai. É o típico sujeito que não vai dormir direito com capital na Bolsa e ainda perderá dinheiro.

Você só consegue ser um bom investidor quando aprende a controlar suas emoções e resiste às armadilhas mentais. Investir exige um grande controle psicológico, antes de tudo.

A Bolsa e o supermercado

Sempre achei curioso esse comportamento da maior parte dos investidores de ações, de estarem felizes e animados nos momentos de alta e tristes e ansiosos em momentos de queda.

Por mais que ver o patrimônio subindo possa ser prazeroso num primeiro momento, isso não faz sentido, principalmente para o investidor que está iniciando seu processo de acumulação na Bolsa. Geralmente, quanto mais as ações sobem, menores se tornam a margem de segurança do investimento, o *Dividend Yield* e também o potencial de valorização.

Já os momentos de queda e pessimismo representam, na verdade, grandes oportunidades para o investidor aumentar sua renda de dividendos e comprar ótimas empresas por menos do que elas realmente valem.

Torcer e ficar feliz com a Bolsa em alta é como ficar feliz com os preços subindo no supermercado, quando você precisa de mais alimentos na sua despensa. Não faz sentido.

Você gosta de hambúrgueres?

Os dividendos são pagos por unidade de ação ou cota. Quanto mais ações ou cotas, mais dividendos você recebe e mais perto da independência financeira fica.

Se você quer viver de dividendos, a queda dos preços deveria ser a sua maior aliada. É a chance de comprar renda pagando pouco.

– Mas como a queda da Bolsa será minha aliada, se ela está reduzindo meu patrimônio?

Simples. Ela é aliada do investidor de longo prazo, pois deprecia os bons ativos e permite que o investidor aumente suas posições, levando um *Yield* maior e comprando mais ações com menos dinheiro.

Como diz Warren Buffett, se você é alguém que quer viver comendo hambúrgueres, você torcerá para o preço do hambúrguer subir ou cair? Quando vai ao supermercado você comemora quando os preços estão mais altos e enche o carrinho? Pois é. Não faz sentido. Na Bolsa é assim também: quanto mais a Bolsa cai, mais ações e FIIs você compra com o mesmo dinheiro de antes.

Operando na Bolsa via manchetes do jornal

Se você der muito valor para as notícias e seguir cegamente boa parte dos analistas, acabará sempre vendendo barato e comprando caro.

Quando ocorre um *Circuit Breaker* é um excelente dia para ir às compras e reforçar posições. Porém, muita gente perde as oportunidades justamente por dar valor demais ao noticiário e ao pânico, ouvindo que é hora de vender ações ou esperar, pois as coisas podem piorar ainda mais. Besteira.

Não há como saber se o mercado vai cair ou subir. Isso é mito e geralmente quem prega o Apocalipse e espera para comprar num possível fundo do poço quase sempre perde o bonde.

Em dias de pânico, lembre-se de Warren Buffett, que já passou por guerras, vírus, crises políticas, governos de ideologias e posições distintas, mas seguiu em frente, fazendo sempre o que o investidor inteligente deve fazer: comprar boas empresas abaixo do valor intrínseco, quando muita gente está vendendo.

Independentemente dos ruídos, das notícias e do aparente pessimismo, continue focado nos seus objetivos, avalie as oportunidades disponíveis na Bolsa, e vá as compras. É isso que os grandes investidores fazem nessas horas.

Acelerando o passo para a liberdade

Lucros crescendo, dividendos aumentando, *Yields* evoluindo e cotações caindo por um longo período. Esse é o sonho do investidor que busca a independência financeira com dividendos.

Para o *trader*, o especulador ou quem quer vender, Bolsa subindo é realmente muito bom. Mas, para quem quer viver de renda passiva um dia e investe para o longo prazo, o melhor cenário é o de Bolsa em queda. Melhor ainda se for Bolsa em queda com os lucros das empresas crescendo. Aí é o cenário perfeito.

Quem está na fase de acumulação e aportes deveria comemorar os cenários de queda. São eles que te levam para a independência financeira mais rapidamente.

Grandes quedas pedem bons aportes

O melhor cenário para o investidor não é quando as ações sobem e o patrimônio valoriza, mas, sim, quando as ações de empresas rentáveis e boas pagadoras de dividendos estão em grandes quedas e ele pode comprar com desconto ativos com altos *Yields*. É aí que tudo realmente muda.

Sei que acompanhar o patrimônio crescendo é bacana, dá uma bela sensação e tudo mais. Porém, o cenário ideal para o investidor que busca viver de dividendos e está na fase de acumulação são os momentos de queda.

É nos momentos de queda que o investidor consegue adquirir negócios com grande margem de segurança e *Yields* elevados, que vão alavancar a carteira e acelerar a jornada da independência financeira.

A reserva de oportunidades

Quem quer viver de dividendos deveria comemorar quando as ações e os FIIs caem, pois é nesses momentos que os novos aportes e reinvestimentos são mais bem remunerados.

Imagine uma ação que custa R$ 10 e paga R$ 0,50 de dividendos ao ano. Seu *Yield* é de 5%. R$ 10 mil investidos nesse papel cotado em R$ 10 compram mil ações e vão te gerar cerca de R$ 500 por ano em dividendos.

Já se o papel cair para R$ 5, o que pode acontecer em momentos de crise, os mesmos R$ 10 mil comprariam duas mil ações, que agora te pagariam R$ 1 mil ao ano em dividendos.

Basicamente, você compra o dobro de ações e também dobra sua renda em dividendos. Então, cada centavo de reinvestimentos de dividendos ou aportes mensais destinados às ações, nesses momentos, remunera seu capital de forma mais eficaz.

Por isso, é importante ter uma reserva de oportunidades, para comprar mais ativos geradores de renda passiva quando isso ocorre.

Se esse papel hipotético ficar nessa faixa de preços por meses, ou até alguns anos, quanto você consegue comprar e elevar sua renda de dividendos? Essa é a filosofia que grandes investidores utilizam na Bolsa, que rende a eles dividendos multimilionários todos os meses.

Sua independência financeira agradece

Se você está comprando bons negócios, que pagam bons dividendos e estão a preços atrativos, não há razão para se preocupar. Aproveite os momentos de grande volatilidade para aumentar o número de ações das empresas que você possui, ampliando o fluxo de dividendos futuros.

Você fica nervoso e preocupado com as quedas? Se você compra boas empresas e tem se tornado sócio de bons negócios, não deveria.

Por mais que o curto prazo seja desafiador, se você olhar para a geração de caixa e potencial de geração de resultados das empresas dentro de alguns anos, verá que tem muita empresa que fica de graça quando a Bolsa despenca.

Se você é sócio de empresas de setores perenes, então o impacto de todos esses fatores deve ser baixíssimo, praticamente nulo em algumas. De modo geral, um dia de *Circuit Breaker* não é um dia para se desesperar, e sim para comemorar e aumentar o número de ações que você possui em carteira, comprando mais por menos, mantendo a calma para aguardar.

Já para quem não tem caixa nestas ocasiões, fica a recomendação para reforçá-lo aos poucos. O cenário sempre pode mudar do céu ao inferno de uma hora para outra e você tem que estar sempre preparado.

Bola de cristal?

> *– Não acho uma boa comprar agora, não sabemos o fundo do poço.*

Se tivéssemos habilidades de clarividência e a capacidade de prever o futuro ou o fundo do poço, todos seríamos ricos. Esperar o fundo do poço para comprar na teoria é bonito, mas na prática é impossível.

Se você não tem poder de clarividência, o melhor que pode fazer é ir comprando o que estiver barato e acumulando bons ativos. Não tente prever fundo ou esperar a Bolsa parar de cair, pois quem faz isso geralmente perde as maiores oportunidades.

Quem espera tudo ficar calmo para comprar ações provavelmente pagará caro. Minha sugestão: vá comprando ativos sempre, focando nas melhores oportunidades do momento, todos os meses. Caso as quedas se intensifiquem, você começa a usar um pouco da sua reserva gradualmente e aproveita as oportunidades mais intensamente.

Esperando a onda perfeita

IBOV a 60 mil pontos: – *Vai cair mais, estou fazendo caixa.*

IBOV a 70 mil pontos: – *É só um respiro, vai cair muito mais.*

IBOV a 80 mil pontos: – *É só um voo de galinha, estou esperando os 40 mil.*

IBOV a 90 mil pontos: – *A alta para 200 mil está só começando. Estou comprando.*

Se você ficar tentando adivinhar para onde o mercado vai, certamente acabará fazendo besteira e sendo mais um pé trocado. Em vez de querer prever o futuro, concentre-se em fazer aportes constantes e acumular bons ativos, independentemente do nível do Ibovespa e, se possível, nos momentos de queda, fortaleça os aportes e compre mais.

Às vezes, você vai pagar um pouco mais caro, outras vezes, pagará bem barato, mas na média estará comprando ativos de qualidade por um preço interessante, elevando sua renda passiva. Pare de cair em armadilhas mentais e faça o simples, que costuma ser mais eficiente.

Aportes graduais

Quando o mercado cai: – *Vai cair muito mais. É só o começo.*

Quando o mercado sobe: – *Vai subir muito ainda. Está só começando.*

Por isso é tão comum que investidores comprem caro e vendam barato. Muito cuidado com essas armadilhas mentais.

O investidor inteligente é "do contra" por natureza. Ele fica animado quando tudo cai e receoso quando tudo sobe. Eufórico quando todos estão nervosos, e preocupado quando todos estão eufóricos.

Isso não quer dizer que é para comprar tudo de uma só vez na primeira queda. Muito menos vender tudo quando sobe. Mas é importante que o investidor esteja sempre pronto para ir às compras nos momentos de queda, gradualmente, dividindo os aportes, permanecendo cético quando os preços estão nas alturas.

Quando a Bolsa reaquece

O que sinto quando vejo tudo voltando a subir? Um misto de dever cumprido e de tristeza. Dever cumprido por ter ido às compras, mesmo quando o pânico era generalizado. Tristeza de ver que, aos poucos, as oportunidades vão indo embora.

O lado bom é saber que as promoções voltarão, cedo ou tarde. Enquanto isso, vamos aproveitando as oportunidades que ainda existem, seja em FIIs, seja em ações.

Sair de um mercado aquecido vale a pena?

Já me perguntaram se, com o mercado em alta, era hora de vender suas ações e esperar uma crise. É evidente que o mercado em alta gera certa apreensão também nos investidores, que podem pensar que talvez seja o momento de liquidar suas posições ou realizar lucros e aguardar.

Porém, se, por um lado, o mercado pode realmente sofrer algum recuo (certamente, em algum momento, isso ocorrerá) e viver um cenário de volatilidade, por outro lado, a alta pode estar somente começando. É simplesmente impossível tentar prever se já estamos no topo ou no início de uma grande escalada de preços.

Em geral, não incentivo a venda de ações e dos FIIs para realizar lucros, especialmente quando falamos dos bons ativos. Isso porque esses ativos, por mais que estejam se valorizando bastante nos últimos meses e anos, tendem a ser bastante beneficiados com a recuperação efetiva da economia, e visualizamos um crescimento no pagamento de dividendos com manutenção do crescimento dos resultados.

Vender ações pensando que o mercado já atingiu o topo pode ser um grande equívoco, já que os papéis podem se valorizar ainda mais no longo prazo e o investidor pode acabar perdendo todo esse movimento ao longo dos anos. Além disso, girar a carteira acarreta custos e taxas, que prejudicam a rentabilidade do investidor e só beneficiam as corretoras.

Isso não significa que ações nunca devem ser vendidas. Se estamos falando de uma empresa que vem perdendo seus fundamentos, suas margens, e vem apresentando deterioração no seu balanço, é bem provável que a melhor decisão seja vender o ativo e realocar esses recursos em empresas sólidas, que remuneram o investidor de forma mais atraente.

Porém, exceto nestes casos em que a empresa esteja se deteriorando de forma severa ou as ações estejam muito caras, de acordo com o *Valuation*, não recomendo o giro da carteira.

O investidor no contexto social

Comprar ações em baixa é bom, mas torcer por crises econômicas para comprar mais barato é de um egoísmo extremo. Lembre-se de que 104 milhões de pessoas viviam com menos de R$ 413 (abaixo da metade de um salário mínimo) por mês, no Brasil, em 2020. O melhor é torcer por um grande ciclo de crescimento econômico, com algumas quedas da Bolsa no caminho.

Nada é melhor que grandes e longos ciclos econômicos positivos, tanto para a população, quanto para empresas. A crise te permite comprar barato? Sim. Mas também gera desemprego, inflação e destrói a vida de muitas pessoas. Torcer por isso, sinceramente, chega a ser maldade.

Jamais seremos um país rico e próspero enquanto metade da população estiver na miséria. Pessoas que vivem nessa situação precisam acima de tudo de oportunidades de emprego e de investimentos em suas cidades e regiões. Precisam de saneamento e infraestrutura em seus bairros, para terem uma vida razoavelmente digna.

Só o que pode proporcionar boa parte dessas coisas é o crescimento econômico consistente e robusto, para o qual, é claro, um mercado de capitais forte pode também fazer sua parte, financiando a infraestrutura e a criação de empregos.

XIII – CRISES QUE VÊM E VÃO

Quando a Bolsa cair intensamente – e em algum momento cairá – lembre-se de que será a hora de ir às compras, e não de entrar em desespero.

A Bolsa em queda deve ser encarada da mesma forma que quando você vai ao supermercado em dia de promoções. É para encher o carrinho.

Tudo passa

"Quando você vende no desespero, você sempre vende barato."
– Peter Lynch

Jamais venda ações no desespero. Você certamente fará negócios muito ruins e se arrependerá. Quando o sentimento de medo toma conta de você e do mercado, é hora de estar na ponta compradora, e não no grupo dos desesperados que estão vendendo a qualquer preço.

Lembre-se de que o mercado perpetua os cenários momentâneos. Se o momento é ruim, ele embute no preço das ações um pessimismo enorme, como se tudo aquilo fosse durar para sempre. No cenário positivo também, mas colocando nos ativos um otimismo gigante. Esse comportamento do mercado gera oportunidades incríveis. Aproveite.

Toda noite acaba com os primeiros raios solares

"Uma queda no mercado de ações é tão rotineira quanto uma nevasca de janeiro no Colorado. Se você está preparado, não irá se machucar. As quedas são grandes oportunidades de capturar as barganhas deixadas para

trás pelos investidores que estão fugindo da tempestade em pânico."
– Peter Lynch

Num momento como esse retratado por Lynch, o bom investidor aproveita para tomar para si todas as joias valiosas entregues de mão beijada por quem esteve no pânico.

Felizmente, ainda temos inúmeras oportunidades para serem aproveitadas. Tempestades podem se prolongar? Sim. Não sabemos exatamente quanto elas duram. O que sabemos é que elas passam e, num horizonte de longo prazo, como sempre, os desesperados se arrependem de terem jogado tanta coisa valiosa fora.

Lucre com as estultices de terceiros

Na Bolsa, você é obrigado a ver a idiotice de terceiros e sentir seus efeitos sobre a marcação de mercado de seus ativos. Mas isso não é ruim. Se tem um desesperado vendendo uma nota de R$ 1 por 70 centavos, cabe a você aproveitar a barganha e aumentar sua coleção de ativos.

Por mais que a decisão idiota ou desesperada de terceiros traga efeitos no curto prazo na sua carteira e no seu patrimônio – e este movimento te deixe apreensivo –, não se preocupe, pois isso na verdade é ótimo. Afinal, é nesses momentos que você compra mais por menos e garante excelentes negócios para o longo prazo.

A prova de fogo

Esteja preparado para ver seu patrimônio oscilar negativamente e tenha a frieza de ir às compras, adquirindo as barganhas oferecidas por aqueles que estarão em desespero, quando crises agudas surgirem no horizonte do mercado financeiro.

Essa será sua prova de fogo. Esteja certo de que, cedo ou tarde, esse momento chegará. E lá estarão eles, os grandes investidores, os melhores gestores e as pessoas mais disciplinadas indo às compras de forma intensa. Quase sempre é um ótimo negócio comprar boas empresas em períodos de desespero.

O medo e a ganância

Em dia de *Circuit Breaker*, se a sua pressão arterial não sobe e você não precisa tomar calmante, parabéns: você está passando no teste.

A pandemia do Coronavírus trouxe a primeira queda forte para muitos investidores novatos na Bolsa de São Paulo. Em ocasiões de grande volatilidade nos preços dos ativos financeiros, muitos infelizmente não aguentam e desistem: vendem tudo ou deixam de aportar.

Porém, outros, enquanto isso, aproveitam para ir às compras, adquirindo negócios sólidos, que pagam bons dividendos e geram caixa, por preços atrativos. Historicamente, após eventos similares a este, tudo se normaliza e quem aproveita o pânico faz ótimos negócios. Não por acaso, Warren Buffett talhou a seguinte frase:

> *"Seja ganancioso quando os outros estão com medo, e tenha medo quando os outros estão gananciosos."*

Um cenário perfeito para o investidor de longo prazo

Depois que a queda e o pânico passam, você costuma dizer que era muito óbvio, que devia ter enchido o carrinho, que era a oportunidade da sua vida. Mas, quando está no olho do furacão, quase sempre você vai inventar desculpas e subterfúgios para não comprar ações. A maioria fica com receio e não faz nada – ou pior, vende o que já tem.

Não tente encontrar expectativas positivas e notícias boas em momentos de pânico. Você não vai conseguir. Você precisa ignorar o pânico e ir às compras, pensando sempre no potencial de geração de caixa e resultados que as empresas podem obter dentro de dois a cinco anos.

Se você esperar o cenário de uma crise aguda se normalizar e as notícias boas voltarem, pagará caro. Sempre.

Particularmente, comprei o máximo de ativos que pude durante a queda ocasionada pela pandemia do Coronavírus, permanecendo 100% em renda variável. Vi oportunidades incríveis em 2020, como não via desde 2016, com tantas empresas baratas e negócios sendo ofertados a preços ridículos.

Algumas empresas negociaram durante as primeiras semanas de quarentena com grandes descontos sobre o patrimônio, similares ao da crise do mandato da presidente Dilma Rousseff, com *Yields* altos e grandes margens de segurança.

A queda da maioria das ações foi muito maior que a queda do valor intrínseco, aumentando de forma expressiva a margem de segurança, permitindo reinvestimentos a taxas maiores. Na prática, cada real aplicado nesse cenário será muito mais bem remunerado do que poderia ser antes, por tempo indefinido.

Reflexão sobre a pandemia do Coronavírus

A crise da Covid-19 trouxe à tona inúmeras deficiências da sociedade e serviu para deixar todos conscientes de como somos frágeis para lidar com situações como pandemias. Se um vírus de baixa letalidade como esse consegue fazer todo esse estrago na vida das pessoas, imagine um de alta letalidade e poder de contágio? Seria o fim?

A sociedade precisa se preparar. Muita coisa terá que ser levada a sério e mudar daqui para frente, justamente para estarmos aptos para lidar com eventos ainda mais graves. Sistemas de saúde e hospitais precisarão receber muito mais recursos, expandir leitos, ter reservas de máscaras e EPIs para conseguirem lidar com choques como esses e não serem pegos de surpresa.

As pessoas precisarão urgentemente dar mais atenção às suas finanças, estruturando reservas de emergência e aprendendo a viver alguns degraus abaixo do patamar permitido por suas fontes de renda. A história da cigarra e da formiga faz total sentido em momentos como esse e vemos a importância de poupar nos momentos de maior tranquilidade financeira.

As empresas também podem aprender grandes lições. É fundamental que elas criem reservas, otimizem capital de giro e estruturem mecanismos para superar cenários como esse, com menos impactos em seus balanços e mesmo nos níveis de emprego.

É inegável que tudo isso que passamos é profundamente triste, pois muitas vidas foram perdidas e o impacto econômico foi severo. Apesar dos pesares, devemos ver o lado bom disso e termos em mente que essa situação criou uma oportunidade incrível de evoluirmos como sociedade.

Assim como um investidor que evolui ao sentir a dor de ver seu patrimônio ser consumido em momentos de crise, a sociedade também pode evoluir de forma considerável neste momento. No fim das contas, o saldo dessa crise não precisa ser tão negativo.

Desistências

Muitos desistiram de investir na Bolsa no período de hiperinflação. Outros desistiram na crise cambial, após a eleição do presidente Lula, na crise americana do *subprime* e no governo da presidente Dilma. Com a crise da Covid-19, não foi diferente. Muitos ficaram para trás, abrindo mão da filosofia de investimento de longo prazo. Eu segui em frente.

Nos primeiros dias da longa quarentena, vi muitas pessoas pessimistas e querendo desistir. Notícias pregavam o apocalipse, dizendo que agora é diferente e que Bolsa "acabou". É sempre assim. Nos momentos de pânico e pessimismo, as notícias tentam te desanimar a todo custo e muita gente é influenciada negativamente com isso.

Foi assim no passado em inúmeras ocasiões e dessa vez não seria diferente. Mas, independentemente das notícias, do medo e do pessimismo generalizado, siga em frente. É justamente nesses momentos que se fazem os melhores negócios de uma vida – e os piores também.

Surfar nas distorções claras do mercado

> – *Ah, mas o mercado vai desabar ainda, pois os resultados do próximo trimestre virão muito ruins.*

Meu amigo, enquanto você vem com a farinha, o mercado já está com o bolo pronto. O mercado está sempre olhando lá na frente e tentando antecipar tudo nos preços do presente. Simples assim.

Qualquer pessoa que falasse que estaríamos de volta aos 100 mil pontos no Ibovespa, em pleno recorde de mortes da Covid-19 no Brasil, seria considerada louca. Ainda mais se levarmos em conta que os balanços do segundo trimestre de 2020 não foram animadores. Mas você pensa que o mercado não sabe de tudo isso?

O mercado sempre antecipa. Se os mercados estavam subindo ainda no primeiro semestre de 2020, mesmo com a quarentena da Covid-19 em curso, é porque já estavam apostando na recuperação econômica do segundo semestre de 2021.

Mas lembre-se, também, de que o mercado exagera. Seja para baixo ou para cima. Seja cauteloso e vá aproveitando essas distorções para fazer boas compras e até mesmo boas vendas, em casos de discrepâncias gigantes. Esqueça a ideia de prever para onde o mercado vai. Foque em aproveitar as distorções que ele te oferece de tempos em tempos.

O fim do *Buy and Hold*?

– Com essa crise está decretado o fim do Buy and Hold.

– Teremos uma grande depressão e a queda vai durar muitos anos.

– É hora de fazer caixa.

Para alguns, o *Buy and Hold* havia chegado ao fim com todas as quedas verificadas no começo da pandemia do Coronavírus. Para mim, a estratégia esteve mais forte do que nunca.

A estratégia de acumular ativos e investir para longo prazo já sobreviveu a guerras, vírus, crises políticas, crises econômicas. Não seria agora que iria morrer.

Independentemente do que alguns pregam, sigo acumulando ações de empresas e cotas de FIIs, aumentando participação em negócios lucrativos e geradores de caixa, buscando cada vez mais aumentar meu fluxo de proventos.

Reserva de emergência não é reserva de oportunidade

Se você não tem reserva de emergência e tem incertezas quanto à manutenção de seu salário, o ideal é constituir uma antes de investir, com o dinheiro suficiente para, no mínimo, um semestre de despesas da sua família. Manter o essencial é mais importante do que investir, ainda mais em momentos de crises sistêmicas.

O dinheiro destinado para a Bolsa deve ser sempre um valor focado para sua aposentadoria e não deve ter prazo para resgate, jamais. Se você direcionar para a Bolsa os valores que são necessários para o seu sustento, corre grandes riscos de ter que vender tudo na baixa.

A cigarra pode aprender com a formiga?

Sabe aquela pessoa que te chamava de avarento, de mão de vaca? Que sempre dizia que dinheiro é para gastar e vivia te ridicularizando por investir e ser responsável com suas finanças? Pois é. Ela ficou bem preocupada durante a quarentena de 2020.

Quem foi mais formiga e menos cigarra ao longo do tempo certamente ficou bem mais tranquilo nesse cenário. Já quem não fez a lição de casa, mesmo tendo plenas condições, mas vivia de arranjar desculpas e debochar de quem investe, esses tiveram que aprender na marra a importância de ter reservas financeiras e criar uma renda passiva.

Depois da tempestade vem a bonança, mas depois da bonança também sempre virá a tempestade. Esteja preparado.

XIV - DIVIDENDOS, DIVIDENDOS, DIVIDENDOS

No início, os dividendos mal pagam um cafezinho. Alguns anos depois, eles já conseguem pagar algumas contas e dentro de algumas décadas se tornam maiores que sua renda ativa, sendo suficientes para pagar todas as suas despesas. Esses são os dividendos ao longo do tempo, quando você reinveste o que recebe na fase de acumulação de ativos.

No início, eles fazem você pensar que é delírio querer viver disso um dia. Parece ser algo totalmente fora da realidade. Mas, com a disciplina de ir em frente, reinvestindo os dividendos e aportando de forma consistente, a bola de neve vai girando e eles vão ganhando cada vez mais forma.

Em algum momento, quando você menos esperar, lá estarão eles, representando uma parte relevante das suas despesas e já te proporcionando uma bela segurança.

Dividendos são assim. Começam minúsculos e gradualmente vão ganhando forma. Você só é recompensado com dividendos maiores se tiver a paciência de esperar e se manter disciplinado. No mercado, os mais pacientes e disciplinados sempre são os maiores recompensados.

Zona de arrebentação

Com uma rentabilidade de 8% reais ao ano (que já inclui o reinvestimento dos dividendos) e um *Yield* de 7% na carteira, você iguala seus dividendos mensais médios aos seus aportes em dez anos. A partir daí, podemos dizer que sua carteira rompe a zona de arrebentação e tudo passa a fluir melhor.

A zona de arrebentação é uma analogia que utilizamos para nos referir aos primeiros anos dos investidores na Bolsa.

Quando seus dividendos enfim se tornam iguais aos seus aportes, é uma conquista a ser comemorada. É uma grande satisfação chegar a esse patamar, olhar para trás e ver todo trajeto que você percorreu, sem desistir.

A partir daí, tudo começa a fluir melhor e você sabe que, mesmo se não conseguir aportar em um determinado mês ou outro, o seu patrimônio e o número de ativos que você possui continuarão crescendo. Atingir esse patamar não é tão simples e também não te garante independência financeira, mas é quando você começa romper de verdade a zona de arrebentação e a sua navegação passa a fluir melhor em alto-mar.

No começo, tudo é difícil. Os dividendos são minúsculos, o patrimônio parece que custa a aumentar, você facilmente fica no vermelho numa queda da Bolsa. Mas fique firme, pois a sua disciplina e o tempo fazem um trabalho incrível no longo prazo.

Os estágios da zona de arrebentação

Existem dois estágios de zona de arrebentação. O primeiro é quando seus dividendos já conseguem comprar mais ações ou cotas de FIIs. O segundo é quando seus dividendos se tornam tão altos que estão muito acima do seu custo de vida, permitindo reinvestimentos muito volumosos.

No começo, os dividendos são muito pequenos, parece que nada flui, e grande parte dos investidores desiste por causa disso. Muito similar ao que ocorre com embarcações antes de atingirem o alto-mar.

Porém, à medida que os anos passam, o patrimônio cresce e os dividendos também, as coisas finalmente começam a fluir e você atinge o alto-mar. É aí que podemos dizer que as coisas ficam mais fáceis.

Passar do primeiro estágio já faz as coisas fluírem, mas passar do segundo é que realmente determina que você venceu o jogo.

Dividendos alcançando os aportes

Quando a média mensal de dividendos e rendimentos de ações e FIIs recebidos pelo investidor começa a ganhar uma boa representatividade em relação aos aportes, aí é que o negócio fica bom e é possível notar que a bola de neve está, de fato, ganhando volume.

O investidor percebe que, além do seu aporte mensal, oriundo do seu trabalho, as próprias participações societárias estão contribuindo basicamente como um aporte automático. Mesmo que você não possa realizar aportes em um mês específico, saber que este dinheiro estará lá para ser reinvestido é animador.

Basicamente, seu portfólio pode começar a "rodar no piloto automático", em um caso de impossibilidade de realização de aportes com recursos poupados de sua renda obtida com algum ofício.

Se hoje você destina R$ 800 mensais para a Bolsa, fruto do seu trabalho, e os dividendos contribuem com menos de R$ 10 ou 20 em média, parecendo irrelevantes e por vezes desanimadores, chegará o momento em que eles contribuirão mensalmente com os mesmos R$ 800 e até mais.

Ao contrário da renda ativa, que geralmente atinge um teto e a partir dali é difícil de crescer (por meio de aumento da escala dos negócios ou por promoções na empresa), os dividendos, conforme sejam reinvestidos, crescem de maneira exponencial, sem parar.

Por isso, não desista. Foque nos aportes e nos reinvestimentos de dividendos. Tenha paciência, pois o efeito bola de neve fará o resto por você.

Pingado semanal reinvestido

Dependendo da forma como você estrutura sua carteira, é possível ter uma renda passiva praticamente semanal, com proventos caindo na conta. Então, se você dividir seu aporte mensal em quatro partes e juntar com os proventos, consegue fazer compras razoáveis na Bolsa, toda semana.

Por exemplo, aporte em um FII que paga na primeira semana do mês, um que paga na segunda, outro que paga na terceira, outro que paga na quarta. Então, adicione algumas ações que pagam trimestralmente, para dar aquele volume maior de proventos, de vez em quando. Programe os aportes conforme os recursos forem ingressando em sua conta. Assim, você não passa vontade de ficar muito tempo sem poder ir às compras.

Os dividendos são libertadores

A depender dos níveis dos dividendos ao longo do tempo, é possível que chegue um momento em que você não apenas os reinveste em mais ativos na Bolsa, mas pode inclusive usá-los também para empreender e criar empregos.

Dividendos pomposos te dão uma enorme flexibilidade, com a possibilidade de aproveitar a melhor oportunidade do momento, independentemente de onde ela estiver. Às vezes, as oportunidades estarão em FIIs, por vezes em ações brasileiras e outras ocasiões em ações estrangeiras. E se as oportunidades estiverem em uma proposta de negócio? Talvez uma oportunidade de empreendedorismo? Os dividendos também ajudam.

Claro que tal condição é para quem já atingiu um nível bem alto de renda passiva, mas, se um dia você chegar lá, saiba que as oportunidades serão inúmeras. Quando você tem uma enxurrada de dividendos caindo na conta, o céu é o limite.

Flutuações de proventos

Há quem diga que viver de dividendos é impossível, pois eles flutuam e não são fixos. Fazer tal afirmação é similar a falar para um profissional autônomo – ou para um empresário – que a fonte de renda deles é ilusória, porque flutua. Não faz sentido.

Avisem aos autônomos, microempreendedores e grandes empresários que eles não podem viver dos rendimentos deles; afinal, eles flutuam. É cada baboseira! É óbvio que os dividendos flutuam: eles dependem da lucratividade das empresas, da geração de caixa e do próprio *Payout* adotado pelos gestores.

Para viver de dividendos, cabe ao investidor se preparar para essas variações, reinvestindo parte dos dividendos e tendo uma reserva de emergência para que, nos períodos em que os dividendos eventualmente sejam reduzidos, ele esteja protegido. E, claro, devemos viver sempre alguns degraus abaixo da nossa renda.

Para viver de dividendos, não são necessários milhões

Já vi muitas pessoas desestimulando as outras em relação ao objetivo de viver de dividendos, argumentando que, para conseguir chegar a este patamar, são necessários milhões de reais, que apenas os super ricos conseguirão e que quem sonha em um dia obter esse *status* está acreditando em ilusões e irá se decepcionar.

Posso afirmar que, para quem deseja obter um rendimento mensal muito elevado através dos dividendos, realmente alguns milhões podem ser necessários, mas devemos nos lembrar de algo importante: nem todas as pessoas necessitam disso e nem buscam isso.

As pessoas têm uma mania de projetar seus gastos e padrão de vida para a vida dos outros, acreditando que, apenas pelo fato de elas terem gastos extremamente elevados e um padrão de vida alto, todas as outras pessoas também se encaixam neste perfil.

Isso não é verdade.

A depender do estilo de vida do investidor, do padrão desejado e de suas necessidades, pode-se obter uma renda muito atrativa, capaz de suprir com tranquilidade as necessidades, com valores aplicados muito menores do que na casa dos milhões.

Parece difícil de acreditar, mas nem todos precisam ou querem uma vida de luxo, com um padrão de vida relativamente caro. Ou seja, você pode necessitar de muito menos dinheiro do que imagina para manter seu padrão de consumo com dividendos de ações e rendimentos de fundos imobiliários.

Além disso, o investidor deve estruturar uma carteira não apenas com empresas, mas também com fundos imobiliários, que naturalmente possuem *Dividend Yields* mais elevados, o que faz com que o valor necessário para atingir uma renda maior seja reduzido.

Muitos investidores possuem apenas ações que pagam dividendos muito baixos e ignoram os fundos imobiliários. Por exemplo, para ter uma renda média de R$ 3 mil por mês com uma carteira que possui uma média de *Yield* de 2,5%, o investidor precisaria de quase R$ 1,5 milhão. Realmente, bastante desanimador.

Por outro lado, na prática, com uma carteira de *Yield* maior, o investidor pode necessitar de muito menos dinheiro para obter mais renda, e isso ajuda bastante nesse quesito.

Por isso, os cenários de crise e de pessimismo são tão importantes para os investidores que buscam viver de renda: são os momentos em que as ações e os FIIs geralmente apresentam os maiores *Yields*. R$ 1 mil (ou qualquer outro valor) investidos em ações nesses momentos costumam gerar dividendos duas ou até três vezes maiores que nos períodos de otimismo, quando a Bolsa está subindo e o mercado está eufórico.

Os dividendos não precisam ser sua principal fonte de renda

Você não precisa necessariamente buscar viver exclusivamente de dividendos. Os dividendos podem muito bem se tornar um belo complemento de renda, que vai se somar à aposentadoria pelo INSS ou outra fonte de renda que você amealhar para te permitir maior conforto. Pensar assim, inclusive, ajuda a fazer seus objetivos se tornarem realistas.

Comece mirando em uns R$ 500 por mês, depois R$ 1 mil, talvez R$ 1.500. Já será uma renda complementar que 90% dos brasileiros adorariam ter e é muito mais tangível que pensar em R$ 5 mil, ou até R$ 10 mil por mês em dividendos. Essa foi minha meta: atingir um salário mínimo. Depois, dentro do possível, ia tentando buscar o segundo salário, o terceiro, o quarto, e por aí vai.

O melhor de tudo: caso você pegue gosto pela coisa e veja que ela está fluindo, logo esse valor continua crescendo e é capaz de se tornar, sim, sua principal fonte de renda.

Viver de dividendos não é ilusão

Ao longo destes anos investindo no mercado de renda variável, não foram poucas as vezes em que vi pessoas e mesmo veículos de informação desestimulando os investidores, afirmando que viver de dividendos é impossível – apenas uma ilusão que deve ser esquecida por quem quer entrar na Bolsa.

Isso é triste, pois acaba incentivando os possíveis investidores a entrarem na Bolsa com uma visão especulativa, desestimulando outros que pretendiam formar uma carteira previdenciária.

Há quem diga que viver de dividendos é inviável, pois os dividendos são duvidosos e que só seria possível viver com juros da renda fixa, pois esses seriam mais previsíveis e seguros.

Esse pensamento, infelizmente, é mais comum do que pode parecer.

Compreendo que viver de dividendos é algo muito incomum para o brasileiro e pode soar estranho. Afinal de contas, o brasileiro sempre foi treinado para enxergar as ações apenas como fichas de cassino, e não como ferramentas de formação de patrimônio e geração de renda.

Além disso, é muito raro uma pessoa conhecer outra que vive de dividendos, o que pode dar a impressão de que isso é praticamente impossível ou algo apenas para quem já é muito rico. Felizmente, apesar de ser muito incomum e não ser tão rápido conseguir atingir esse patamar, viver de dividendos é plenamente possível.

Persista

Por mais que tentem te desmotivar e afirmar que suas metas são ilusórias, continue focado, pois viver de dividendos não é ilusão. Eles são minúsculos no começo. Então, se você contar para alguém que espera viver disso um dia, vão te ridicularizar e muitas vezes você mesmo vai desanimar.

Mas não desista, pois, à medida que você continua aportando todos os meses e reinvestindo os poucos dividendos recebidos, a bola de neve começar a girar. E quando ela começa a girar, fica cada vez maior.

Os resultados na maioria das vezes vêm depois de 10 a 15 anos, ou até mais. Mas, acredite, se continuar firme e forte, disciplinado, eles virão, e a satisfação que você sentirá, além da tranquilidade que terá, fará você ter certeza que tudo valeu a pena.

Rei na terra dos endividados

Mesmo que você não fique um dia "rico", só de você conseguir montar uma carteira que vai te gerar uma renda complementar de dividendos já será um vitorioso.

Em terra onde 50% das pessoas ganham menos que meio salário mínimo por mês e 70% têm dívidas, quem recebe dividendos é rei. Se você já está recebendo dividendos, mesmo que sejam pequenos, já é um grande privilegiado e está muito acima da média.

Tributar dividendos?

No momento em que escrevo este livro, os dividendos são livres de impostos. Porém, a pauta da tributação volta sempre ao noticiário.

O maior erro de quem defende a tributação sobre dividendos, como medida para combater a desigualdade, é partir da premissa de que só os ricos recebem dividendos. Existem milhares de pequenos investidores que não recebem nem R$ 200 por mês e seriam prejudicados com esta medida.

Volta e meia querem jogar a conta da desigualdade social para o disciplinado. O pequeno poupador, que com muito esforço tem conseguido juntar todo mês um troquinho na Bolsa, corre o risco de ser penalizado com mais impostos e pior: sendo considerado um barão do capitalismo.

Se querem tributar os dividendos, que seja de forma menos injusta: que se tribute a partir de determinado valor. Por exemplo: quem recebe proventos acima de R$ 50 mil, justamente para tributar em parte os multimilionários e bilionários – ou que sejam reduzidas as alíquotas de IRPJ.

Criar mais um imposto, sem uma contrapartida, e ainda partindo de uma premissa falsa, de que quem recebe dividendos é rico, beira o absurdo. Não dá.

XV – RENDA PASSIVA ORIUNDA DA RENDA VARIÁVEL

O fato de você não ter nascido em berço de ouro e nem ter a estabilidade do serviço público já é motivo suficiente para começar a investir para criar renda passiva o quanto antes. As adversidades e o desemprego podem surgir a qualquer momento e você precisa estar preparado.

Vale lembrar que até o serviço público pode não ser tão estável assim. Vimos nos últimos anos inúmeros servidores tendo salários parcelados ou congelados em alguns estados. Investir e criar uma renda passiva na Bolsa se tornou questão de sobrevivência.

Conceitos distintos e complementares

> *– Esse negócio de Bolsa e dividendo não rende nada. Melhor usar o dinheiro para comprar picolé ou água mineral e vender na rua. Muito mais lucrativo.*

Costumo ler mensagens assim. Muita gente ainda não entendeu a diferença de renda passiva e renda ativa. A confusão de conceitos é enorme.

O camarada vê que R$ 10 mil na Bolsa podem render em dividendos em torno de R$ 50 a R$ 60 por mês, desanima e acredita que é melhor comprar R$ 10 mil em garrafas de água mineral para vender. São coisas totalmente distintas.

Renda passiva é aquela renda gerada pelo seu próprio dinheiro, sem a necessidade de você estar envolvido diretamente em alguma venda de produtos ou prestação de serviços. Basicamente, é como ganhar dinheiro dormindo. Já a renda ativa é a renda gerada por trabalho e exige envolvimento direto e horas para gerar determinado valor.

É claro que R$ 10 mil em água mineral para vender, considerando que você compre 10 mil garrafas a R$ 1 e venda a R$ 2, por exemplo, é muito mais rentável que receber dividendos. Porém, novamente: estamos falando de coisas totalmente diferentes.

Comprar e vender um produto está muito mais ligado ao empreendedorismo que ao mercado de capitais e, embora possa ser mais rentável, existem também inúmeros desafios e riscos.

Imagine se o sujeito comprar R$ 10 mil em garrafas de água mineral: como ele fará para vender tudo isso? Ele tem um ponto de venda extremamente eficiente para desovar esse estoque em um mês? A liquidez será um enorme desafio sem um ponto de venda inteligente.

Tem outras questões, como a conservação dessa água, o custo logístico e capacidade de armazenamento. E os impostos na venda? E o custo com funcionários ou vendedores que, provavelmente, terão que te ajudar na venda? Ou seja, o buraco é mais embaixo. Não é tão simples.

Investir na Bolsa e receber dividendos pode ser menos rentável que empreender ou vender algo, mas geralmente é bem menos arriscado e muito menos trabalhoso. É o custo da comodidade de poder ganhar dinheiro dormindo, como um sócio passivo e, claro, de participar de negócios grandes, com vantagens competitivas e escala. Muito diferente do que ocorre com um pequeno comerciante.

Porém, as duas coisas não são antagônicas. Você pode muito bem empreender e, com o lucro obtido, colocar parte na Bolsa e ganhar dividendos. É o melhor dos dois mundos.

Os limites de cada tipo de renda

Muitas vezes o seu salário tem limites. A sua renda passiva, não. Com os reinvestimentos de dividendos e aportes constantes, ao longo das décadas sua renda passiva cresce de maneira exponencial, e o céu é o limite. Não pare. Quanto mais dividendos você receber, mais receberá.

Seu salário é fundamental na construção do seu patrimônio, mas ele tem limites quando atinge um valor determinado ou um teto. A renda passiva não possui limites: essa é sua grande vantagem. Quanto mais ativos você compra com seu salário, somando aos reinvestimentos, mais você recebe.

Cada ativo que você adiciona ao seu portfólio te gera um fluxo de caixa passivo adicional, à medida que sua participação naqueles negócios aumenta. Então, quando você acumula mais participação em empresas e em FIIs, mais rendimentos você receberá, se esses negócios continuarem lucrativos.

É óbvio que, no começo, seu salário dá uma surra na renda passiva. Mas, com o passar dos anos, ela vai ganhando cada vez mais representatividade e isso vai te animar cada vez mais, até para querer trabalhar mais e poder aportar mais.

Continue investindo, sem desanimar, sempre de olho no longo prazo, e veja sua renda passiva, que hoje pode ser minúscula, crescer todos os anos, para um dia superar seu salário e se tornar sua principal fonte de renda.

Passos para obter renda passiva sustentável

Obter uma renda passiva complementar no futuro – ou mesmo atingir a tão sonhada independência financeira – é algo plenamente possível para qualquer um, apesar de muitos pensarem o contrário.

Para chegar lá, você basicamente precisa seguir alguns passos importantes e adotar os seguintes comportamentos:

A) Crie a disciplina de economizar todos os meses uma parcela da sua renda – pelo menos de 10% a 20%. No começo pode ser difícil, mas esse hábito aos poucos vai se enraizando.

B) Com o dinheiro de suas economias, acumule mensalmente bons ativos geradores de renda e se torne um colecionador desses ativos – ações e FIIs, entre outros. Existem pessoas que colecionam selos, sapatos ou relógios. Você colecionará ativos que colocam dinheiro na sua conta.

C) Reinvista todos os proventos recebidos na compra de mais ativos geradores de renda, durante o período de acumulação, por mais tentadora que seja a ideia de gastá-lo.

D) Pense como os grandes investidores e aproveite as quedas para comprar mais. Nesses momentos, aumentar a sua capacidade de poupança mensal faz todo sentido.

E) Seja paciente. Os resultados não são rápidos, mas todos os dias você dará importantes passos rumo aos seus objetivos.

Seguindo esses passos ao longo dos anos – talvez décadas –, tenho certeza de que qualquer um pode ter uma renda passiva complementar generosa, sem depender do frágil sistema de previdência social.

A fixação pelo milhão

Quem disse que você precisa de R$ 1 milhão? Se o seu objetivo é ter uma renda de dividendos de R$ 1,5 mil por mês, com um capital de uns R$ 250 mil você consegue. Se você quer uma renda de R$ 3 mil, uns R$ 550 mil bastam.

Esqueça o R$ 1 milhão. Vá de acordo com a renda que deseja ter. O seu objetivo pode estar bem mais perto do que você imagina. Cada investidor tem suas próprias metas de renda, patrimônio e objetivos. Nem todos precisam da mesma coisa.

Conheço investidores que querem uma renda passiva de R$ 1,5 mil a R$ 2 mil, valores para renda passiva que você consegue com muito menos que R$ 1 milhão em patrimônio acumulado. Já outros buscam uma renda para a qual é necessário muito mais que essa quantia.

É claro que R$ 1 milhão é um valor simbólico e uma marca de sonho para muita gente, mas lembre-se de que a renda passiva que você busca pode estar bem mais perto do que você imagina.

Tempo e aporte

Receber R$ 500 por mês em proventos pode não ser o suficiente para sua independência financeira, mas é um valor que, além de permitir um reinvestimento de dividendos atrativo, potencializa o efeito dos juros compostos. É uma renda que, num caso extremo e de aperto, pode ser utilizada para ajudar em alguma conta. Isso traz tranquilidade.

Em 2020, com cerca de R$ 94 mil seria possível ter uma renda de cerca de R$ 500 por mês em proventos. Pode parecer muito difícil obter R$ 94 mil para quem, hoje, tem apenas R$ 5 mil ou menos e só pode aportar R$ 500 por mês. Mas no longo prazo, mantendo a disciplina para aportar todos os meses e para reinvestir os dividendos, certamente isso é possível

Pelos meus cálculos, começando com R$ 5 mil e investindo R$ 500 por mês, é possível chegar aos R$ 500 por mês de dividendos e

R$ 94 mil de patrimônio em nove anos. É pouco? Se você estiver disposto a investir por 30 anos, é possível superar R$ 900 mil de patrimônio, com uma renda passiva de mais de R$ 4.500 por mês.

Não há segredo. Quanto maior o tempo e maior o aporte, mais longe você chega.

Renda e patrimônio

Um jovem de 25 anos que decide investir R$ 500 por mês, ao longo de 25 anos, com o objetivo de obter renda variável, pode chegar aos 50 anos de idade com um patrimônio próximo de R$ 450 mil em valores de 2020. Esse capital, aplicado com um *Yield* de 6%, gera uma renda de R$ 2.250. É um bom complemento de renda.

Chegar aos 50 anos com R$ 450 mil no bolso e uma renda de cerca de R$ 2 mil pode não te fazer rico, mas certamente vai te colocar numa condição de privilegiado. Em 2020, quase 70% dos aposentados recebiam um salário mínimo. Apenas 20% recebiam mais que dois salários. Até aqui, estamos falando só da renda. Se você investir, além de ter a renda, ainda será dono de um belo patrimônio acumulado, algo que o INSS jamais te daria.

Agora, o melhor de tudo: isso não é estático. Você pode começar com R$ 500 por mês, mas no futuro, conforme sua renda aumenta e você pega gosto, poderá aportar mais, resultando em maior patrimônio e renda lá na frente.

Melhor do que nada

R$ 2 mil por mês em dividendos te daria alguma tranquilidade? Para mim, é uma bela renda complementar. Essa renda mensal pode não ser muito dinheiro, mas esse valor já te coloca entre os 25% mais abastados da sociedade brasileira, tomando por base a realidade de 2020.

E se essa renda fosse em dividendos? Melhor ainda, não é mesmo? Poder receber esse dinheiro enquanto dormimos, e ter os proventos entrando em conta faça chuva ou faça sol, é uma ótima sensação.

Apesar de parecer impossível para quem hoje recebe centavos ou poucos reais, dentro de um planejamento de longo prazo, com muita disciplina e paciência, é totalmente viável atingir essa renda.

Por exemplo, se você investir R$ 1 mil por mês com uma rentabilidade real de 8% ao ano e 7% de *Yield*, você chega lá em 15 anos e meio. Já se você consegue aportar 2 mil, a meta é atingível em 10 anos. Para aqueles que só conseguem poupar R$ 300 por mês, no entanto, o período é de 28 anos.

Demorado? Pode ser. Mas é muito melhor chegar lá com 2 mil por mês em dividendos – e um belo patrimônio – do que sem nada, concorda?

A previdência social não pode ser ignorada

Alguns *influencers* financeiros pregam a ideia de que o INSS é algo horrível, com o qual você não deve contribuir. Tenho uma visão diferente.

Vejo que o INSS tem, sim, sua importância; afinal, ele funciona como um seguro. Em alguma situação de dificuldade, como um acidente ou problema de saúde, por exemplo, o INSS dá uma bela ajuda. Além disso, muita gente depende do INSS e consegue nele uma vida um pouco mais digna.

O pequeno investidor deve contribuir para o INSS, ao menos com o mínimo, mas não deve de maneira alguma deixar de formar e alimentar a sua carteira previdenciária.

Veja o INSS como um piso, uma segurança para casos de necessidade, mas não se conforme com ele e nem dependa apenas dele. O problema não está no INSS, e sim na mentalidade das pessoas que acreditam que ele é suficiente e não precisam fazer nada por si mesmas.

Metas fracionadas

Experimente dividir suas metas no mercado em renda passiva.

Fase 1: R$ 10 por mês em proventos.

Fase 2: R$ 50 por mês em proventos.

Fase 3: R$ 100 por mês em proventos.

Fase 4: R$ 200 por mês em proventos.

Fase 5: R$ 500 por mês em proventos.

Fase 6: R$ 1 mil por mês em proventos.

E assim por diante.

Desde que minha meta principal na Bolsa mudou de patrimônio para renda, nunca mais perdi noites de sono em períodos de fortes quedas no mercado. O patrimônio é altamente flutuante. A renda, não.

A partir do momento em que você passa a acompanhar a evolução dessa renda passiva e verifica que a cada mês ela vai representando um percentual um pouco maior da sua renda ativa, o negócio muda de figura. Você começa a perceber que, independentemente de a Bolsa cair ou não, os dividendos continuam ingressando na sua conta. Isso tem um efeito psicológico extremamente positivo.

Além do mais, o investidor começa a notar que é justamente quando o mercado cai que ele pode ir às compras com maior intensidade, para aumentar suas participações societárias e, logicamente, aumentar sua renda passiva.

A partir do momento em que o investidor assume essa postura e entende isso, é muito difícil que sua estratégia dê errado. Afinal de contas, se o mercado sobe, o patrimônio valoriza. Se o mercado cai, o investidor compra mais e aumenta seus dividendos. Logo, tempo ruim deixa de existir no mercado e é aí que você começa a vencer o jogo.

Metas para pagar despesas

Que tal começar a fazer metas de renda passiva relacionadas às suas despesas mensais?

Desde o início de minha jornada no mercado de renda variável, tenho como foco expandir minha renda passiva com proventos. Uma atividade que costumava fazer no início era comparar os dividendos com minhas despesas.

Quando comecei a receber meus primeiros R$ 20 a R$ 30 reais de dividendos médios mensais, imaginava o que poderia comprar em alimentos com aqueles recursos, se precisasse. Apesar de ser muito pouco, já era uma segurança que começava a sentir. Era extremamente estimulante. Afinal, queria ver essa renda crescer sem parar.

Na medida em que o investidor coloca como foco que seus dividendos cubram suas despesas, cria-se um estímulo adicional para querer poupar mais e acelerar a independência financeira.

Conforme a renda passiva cresce ano após ano, o investidor vai sentindo cada vez mais o gostinho da liberdade e se tornando cada vez menos dependente da renda ativa. Afinal, ele vai percebendo que poderia bancar parcelas cada vez maiores de suas despesas apenas com proventos, caso desejasse.

Além disso, outra vantagem dessa estratégia é que, quando o investidor mira na renda passiva, acaba também evitando inúmeras armadilhas, já que naturalmente se expõe a empresas boas pagadoras de dividendos e FIIs, o que reduz muito o risco da carteira.

Taxa de Riqueza: o termômetro da independência financeira

A Taxa de Riqueza, demonstrada em alguns dos livros de Robert Kiyosaki, como *Pai Rico, Pai Pobre* e *Aposentado Jovem e Rico*, é uma espécie de medidor da independência financeira que mostra a relação da renda passiva com as despesas mensais da pessoa, sendo o primeiro grande objetivo do investidor fazê-la crescer consistentemente e torná-la superior a 1, pelo menos.

No momento em que a Taxa atinge 1, significa que o investidor está recebendo em dividendos, juros e rendimentos o mesmo que suas despesas mensais. Dessa forma, seria um patamar de renda passiva capaz de sustentá-lo naquele momento. Calcular a Taxa de Riqueza é simples:

Taxa de Riqueza = renda passiva / despesas totais

Ou seja, deve-se dividir a renda passiva mensal ou anual pelas despesas mensais ou anuais. Lembre-se de que é renda passiva e não renda ativa: considere aqui aquela renda proveniente de seus ativos, como dividendos, rendimentos de fundos imobiliários, aluguéis que recebe, juros sobre capital próprio, entre outras modalidades.

Para exemplificar, imagine que um investidor, jovem e solteiro, possui uma renda passiva de R$ 300, fruto de seus investimentos em ações e fundos imobiliários. Ele possui gastos mensais de R$ 2 mil. Neste caso, a Taxa de Riqueza desse investidor seria de 0,15 – o que mostra que ele ainda está bem longe de atingir o patamar de 1, que é quando ele poderia se manter, naquele momento, apenas com os proventos.

Por outro lado, o jovem do exemplo hipotético encontra-se numa situação melhor que a grande maioria da população, que nunca viu sua taxa de riqueza sair do zero, pois sabemos que a maior parte das pessoas não possui renda passiva e sequer investe.

É fato que em geral os brasileiros dependem unicamente de sua renda ativa ou da aposentadoria proveniente do frágil sistema do INSS, por exemplo.

Podemos dizer que, ao atingirmos o valor de 1 na Taxa de Riqueza, estamos nos primeiros estágios de independência financeira, mas ainda não na independência financeira plena.

Entendo que o ideal seja que o investidor tenha renda passiva suficiente para sustentar seu padrão de vida atual, e ainda uma quantia excedente razoável para continuar investindo, justamente para possibilitar um constante aumento do patrimônio e da própria renda passiva no longo prazo.

Por isso, após o investidor atingir o nível 1 da Taxa da Riqueza, é recomendável que sua renda passiva continue crescendo e que o investidor não pare de trabalhar até atingir uma Taxa de 2 ou mais, pois vale considerar que nossos custos de vida tendem a aumentar no futuro.

Outro fator que deve incentivar o investidor a continuar elevando sua Taxa de Riqueza é o fato de que as empresas ou FIIs podem enfrentar reduções em seus proventos. Deste modo, a renda do investidor também cairia e, portanto, continuar reinvestindo dividendos é essencial para gerar uma margem de segurança.

Foco na liberdade

Nunca busquei o dinheiro pelo dinheiro. Também nunca desejei ter muito luxo, ostentação ou coisas do tipo. Considero isso fútil e sem propósito. A minha busca sempre foi pela liberdade: a liberdade de poder viver como eu quero, estar perto de quem amo e ajudar outras pessoas.

A renda passiva, gerada por uma sólida coluna de ativos e adquirida com dinheiro, proporciona mais do que conforto, algum luxo ou até mesmo *status*: ela te proporciona a tranquilidade. É justamente isso que sempre busquei com a minha carteira previdenciária.

A tranquilidade de saber que não será necessário se submeter a trabalhos que verdadeiramente te escravizam, ou tampouco precisar da ajuda de parentes e amigos. A liberdade de poder fazer o que você quiser, acordar tarde ou cedo. Ter cabelo grande ou ser careca. Usar a roupa que estiver a fim. O prazer de estar mais perto de quem é importante para você, em vez de precisar ficar o dia todo num escritório se estressando ou perdendo horas num ônibus ou metrô. Poder ajudar as pessoas, gerar valor para a sociedade, se dedicar a resolver problemas. A tranquilidade de saber que, se tudo der errado, você ainda terá os dividendos pagando todas as suas contas, algo que tira o sono de muita gente.

Isso tudo não tem preço.

A renda passiva é libertadora. Ela permite a você viver a sua essência, e não ser apenas alguém buscando a sobrevivência a todo custo.

XVI – DÉCIO BAZIN TINHA RAZÃO

Décio Bazin começou sua carreira no Banco do Brasil e posteriormente ingressou no mercado financeiro como pessoa física e tornou-se colunista da *Gazeta Mercantil*, jornal especializado em economia e mercado financeiro.

Alguns de seus textos da época foram reproduzidos em seu livro *Faça fortuna com ações antes que seja tarde* – um clássico brasileiro sobre a Bolsa, lançado na década de 1990, no qual Bazin aborda muitos pontos interessantes, que destaco a seguir.

Os ciclos do mercado

O mercado é cíclico. Nos momentos de alta, as oportunidades se tornam mais escassas. Já nos de baixa, as oportunidades são mais abundantes, além de as ações entregarem *Yields* mais elevados, já que os preços se reduzem e a relação de dividendos pagos por ação acaba crescendo em termos percentuais, elevando o *Dividend Yield*.

Bazin descreve um momento de alta do mercado, em que muitos investidores ficam eufóricos, menos algumas pessoas de "cabelos brancos". Essas pessoas mais experientes não compartilhavam do mesmo otimismo dos mais jovens, pois já sabiam que um momento de *boom* é muitas vezes irracional e reduz a margem de segurança dos investimentos, antecedendo grandes quedas no mercado.

Os investidores devem ter cuidado ao realizar compras nos momentos de alta, e comprar forte nos momentos de baixa, quando a maioria está com medo. Em geral, o investidor tem de ter um comportamento contrário ao que é propagado pela imprensa ou pela maioria dos investidores e especuladores. A imprensa, a propósito, não ajudará o investidor a escolher o melhor momento: ele deve investir de maneira independente, e não se deixar levar pela euforia ou pela depressão.

Os agentes de mercado

Bazin divide os agentes de mercado em cinco tipos: manipulador, especulador, especulador novato ("figura lamentável"), investidor institucional e investidor pessoa física ("figura olímpica").

O "especulador novato" é, infelizmente, o personagem que a maioria das pessoas encarna quando ingressa na Bolsa. São aplicadores que entram no mercado financeiro para realizar *trades*, na esperança de obter retornos elevados em pouco tempo.

A solução, para quem deseja entrar no mercado de forma inteligente e correta é ser um investidor pessoa física, que Bazin chama de "figura olímpica": focada no longo prazo, em busca de boas empresas que paguem bons dividendos. O autor sugere que esses investidores sigam alguns passos para ter sucesso no longo prazo e realizem alguns filtros antes de investir em uma empresa.

Dividend Yield maior ou igual a 6%

Bazin recomenda que os investidores procurem empresas que paguem dividendos superiores a 6% em *Dividend Yield*, pois, na época, os títulos públicos pagavam cerca de 6% acima da inflação.

Apesar de o CDI ser mais elevado, quando descontamos o imposto de renda e a inflação, o retorno final fica bem menor. Essa é uma dúvida que muitas pessoas têm a respeito do investimento em ações focando em dividendos, já que acreditam que bastaria aplicar em investimentos atrelados ao CDI para obter um retorno maior.

Vale lembrar que os dividendos tendem a crescer no longo prazo. Ou seja, enquanto um título público ou aplicação de renda fixa entrega apenas aquele rendimento estipulado ou vinculado à oscilação das taxas de juros, as empresas expandem seus lucros e, consequentemente, os dividendos, o que acaba gerando um retorno muito mais elevado ao longo do tempo.

Baixo endividamento

Outro ponto que Bazin salienta é que o investidor deve buscar empresas com baixo endividamento. Boa parte das empresas que apresentam problemas severos, deterioração dos números, acabando em uma situação bastante adversa, estão bastante endividadas.

Bazin não especifica esse valor de dívida. Pessoalmente, gosto de trabalhar com empresas que tenham uma dívida menor que seu patrimônio líquido. Também considero de bom tom verificar a relação entre Dívida Líquida e Ebitda, já que, em alguns casos, tal indicador é o mais coerente a ser analisado. Um bom referencial máximo para tal relação seria uma razão abaixo de 3.

Empresas com endividamento alto em relação ao patrimônio líquido, mas que possuem uma relação entre valor da empresa (EV) e Ebitda relativamente baixa e uma relação entre dívida líquida e Ebitda controlada, além de um alto ROE (retorno sobre o patrimônio líquido), podem ser também ótimos negócios.

Ausência de notícias negativas envolvendo a empresa

Na estratégia de Bazin, o investidor deve evitar empresas envolvidas em escândalos de corrupção. Tais companhias, por mais que entreguem dividendos superiores a 6% em algum momento, ou mesmo que apresentem múltiplos atrativos, carregam um risco muito elevado e devem ser evitadas pelo investidor.

Consistência na distribuição de dividendos

Outro ponto abordado em seu livro é a importância de avaliar a consistência dos dividendos pagos pelas empresas. Algumas empresas realizam pagamentos de dividendos extraordinários, impactados por eventos não recorrentes ou mesmo baseados em reservas de lucros, o que pode distorcer exageradamente o seu *Dividend Yield*.

Investidores não devem se enganar com empresas com dividendos muito elevados momentaneamente, avaliando com cuidado a consistência e a recorrência de dividendos. Verificar o histórico e o *Payout* da empresa, além de avaliar possíveis eventos não recorrentes, são medidas eficazes neste sentido.

O *Payout* é a porcentagem dos lucros que as empresas convertem em dividendos. Logo, se um *Payout* relativamente baixo consegue sustentar um bom *Dividend Yield* recorrente, tanto melhor para o investidor. Em muitos estatutos de empresas brasileiras, o *Payout* mínimo é definido em 25%.

Além disso, existem empresas que, por terem um caráter cíclico e resultados inconsistentes, também apresentam dividendos instáveis, e casos como esses não agradavam Bazin.

Como colocar em prática a estratégia de Décio Bazin?

Uma forma simples para o investidor ter acesso a empresas que passam pelo filtro de Décio Bazin é através do Fundamentus (www.fundamentus.com.br), *site* que possui grande base de dados sobre as empresas, com seus lucros, números operacionais, múltiplos, entre outros.

O Fundamentus possui um sistema que permite ao investidor filtrar as empresas por inúmeros fatores, múltiplos e critérios, o que ajuda bastante na hora de fazer uma pesquisa eficiente.

Na parte superior, no canto direito da página (mais bem visualizada em *notebooks* e computadores de mesa), o investidor deve clicar em "Busca avançada por empresa", como ilustrado a seguir.

Detalhe da página inicial do *site* **Fundamentus** (fonte: http://www.fundamentus.com.br/ – *link* acessado em 24/09/2020).

Como Bazin recomenda que o investidor deve buscar empresas com dividendo mínimo de 6% e uma dívida líquida não superior ao patrimônio líquido, podemos utilizar o campo sobre dívida bruta, que acaba sendo um valor aproximado.

Assim, o investidor deve preencher a tabela conforme a imagem a seguir, preenchendo "0,06" no campo destinado ao valor mínimo para "*Dividend Yield*", e especificando o numeral "1" no campo sobre o valor máximo para "Dív. Bruta sobre o Patrimônio Líquido".

Utilizando esses filtros citados, que são os exigidos por Bazin, além de um filtro de liquidez, priorizando ativos mais líquidos, o investidor obtém então uma lista com vários ativos que se encaixariam no método Bazin, como pode ser visto a seguir. Minha sugestão é digitar "500000" como valor mínimo de "Liquidez das Ações".

Indo além das recomendações de Bazin, considero como medida de bom senso especificar "20" como valor máximo para "P/L", além de preencher ".10" como valor mínimo em "ROE". Com isso, teremos uma base de filtragem bastante refinada, na qual podemos ordenar a busca por "*Dividend Yield*".

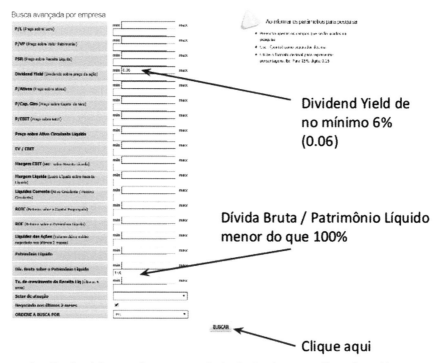

Detalhe da página para busca avançada do *site* Fundamentus (fonte: http://www.fundamentus.com.br/buscaavancada.php – *link* acessado em 24/09/2020).

Resultado da busca efetuada em 24/09/2020, utilizando os fatores citados acima (fonte: http://www.fundamentus.com.br/resultado.php – *link* acessado em 24/09/2020)

195

Resultado da busca

Papel	Cotação	P/L	P/VP	PSR	Div.Yield
ENAT3	10,13	7,72	0,93	2,146	11,28%
SANB3	12,70	7,24	1,28	0,000	10,52%
SANB11	26,71	7,61	1,34	0,000	10,50%
SANB4	14,18	8,08	1,43	0,000	10,36%
BBDC4	19,43	9,79	1,28	0,000	8,89%
BBDC3	18,14	9,14	1,19	0,000	8,66%
ROMI3	11,20	7,12	0,87	0,839	7,59%
WIZS3	9,05	7,51	5,33	2,122	7,39%
SMLS3	15,37	4,96	1,51	2,509	7,19%
CESP6	28,61	6,18	1,31	5,225	6,47%
ITSA4	8,80	10,57	1,40	14,797	6,24%
TRPL4	21,84	6,48	1,11	3,655	6,08%

Detalhe da tabela anterior, destacando doze papéis filtrados no sistema de busca avançada do *site* Fundamentus, pelos parâmetros descritos neste capítulo.

Deve-se lembrar, no entanto, que, por mais que o método Bazin seja de fato um "norte" para os investidores, é fundamental sempre avaliar cada ativo particularmente. Existem casos em que os ativos se enquadram nesse método, porém são empresas que passam por dificuldades financeiras, deterioração nos números, perdas de contratos, entre outros fatores.

Ademais, é sempre importante avaliar se existem eventos não recorrentes distorcendo os múltiplos e dividendos da empresa, pois muitas vezes um *Yield* atrativo pode não se repetir, por não ser oriundo do seu lucro recorrente.

Por outro lado, entre as empresas com distribuições de proventos mais regulares da lista do nosso exemplo, destacam-se as do setor financeiro, como Santander (SANB3, SANB4 e SANB11), Bradesco (BBDC3 e BBDC4) e Itaúsa (ITSA4); e do setor energético, como CESP (CESP6) e ISA CTEEP, também conhecida como Transmissão Paulista (TRPL4). Isso reverbera o fato de que tais segmentos da economia são historicamente os mais defensivos para os investidores individuais.

Repetindo a experiência três meses depois

Para demonstrar como o mercado é dinâmico, resolvi repetir o filtro de empresas descrito no item anterior deste capítulo, passados três meses e alguns dias. Desta vez recorri ao portal Status Invest, que possui uma ferramenta completa de busca avançada por ações:

https://statusinvest.com.br/acoes/busca-avancada

Nesta página selecionei "6,00" como valor mínimo no canto esquerdo do campo "DY"; "20,00" como valor máximo no canto direito do campo "P/L"; "1,00" como valor máximo no canto direito do campo "Dívida Líquida/Patrimônio"; "10,00" como valor mínimo no canto esquerdo do campo "ROE"; e "500.000,00" como valor mínimo no canto direito do campo "Liquidez média diária".

Lembro que minhas preferências sobre os campos "P/L", "ROE" e "Liquidez média diária" são pessoais e vão além daquilo que é preconizado pelo método de Bazin. Você pode adotar outros valores mais adequados ao seu perfil de investimentos.

Detalhe da página para busca avançada do *site* Status Invest (fonte: https://statusinvest. com.br/acoes/busca-avancada – *link* acessado em 29/01/2021).

Após clicar em "BUSCAR" no quadro ilustrado na imagem anterior, encontrei 14 ações que passaram pelos critérios adotados, das quais menos da metade foram coincidentes com a primeira pesquisa: ENAT3, ROMI3, WIZ3, CESP6, ITSA4 e TRPL4.

Entre as ausências mais notáveis na segunda pesquisa estão as ações de Santander e Bradesco, pois em 2020 estes bancos foram proibidos pelas autoridades governamentais de distribuir a totalidade dos dividendos, de forma a poderem prover maior liquidez para empréstimos, como medida mitigatória da pandemia do Coronavírus. Foi, portanto, uma situação não recorrente.

☰ RESULTADO DA BUSCA

⊟ TICKER		⊟ PREÇO	⊟ DY ᵥ	⊟ P/L	⊟ ROE	⊟ DÍVIDA LÍQUIDA / PATRIMÔNIO	⊟ LIQUIDEZ MÉDIA DIÁRIA
	CSMG3 →	R$ 15,56	17,91	7,37	11,24	0,31	29.9M
Q	ROMI3 →	R$ 15,83	15,16	10,84	13,31	0,32	19.3M
	EMAE4 →	R$ 59,78	12,83	19,70	10,58	-0,41	1.4M
	BBSE3 →	R$ 27,85	10,00	13,59	64,48	0,00	114.1M
Enauta	ENAT3 →	R$ 11,46	9,97	8,80	11,79	-0,52	20.0M
taesa	TAEE11 →	R$ 32,31	9,94	6,91	27,94	0,84	75.6M
taesa	TAEE3 →	R$ 10,77	9,94	6,91	27,94	0,84	1.0M
taesa	TAEE4 →	R$ 10,78	9,93	6,91	27,94	0,84	2.0M
WIZ	WIZS3 →	R$ 7,67	8,72	5,75	60,60	-0,68	10.2M
CESP	CESP6 →	R$ 29,42	7,74	6,57	20,57	0,13	51.7M
	CYRE3 →	R$ 25,55	7,11	6,20	26,32	0,09	162.5M
	TRPL4 →	R$ 26,57	6,55	7,68	17,11	0,15	35.6M
ITAUSA	ITSA4 →	R$ 10,70	6,22	13,15	12,56	0,02	291.7M
	ELET6 →	R$ 29,14	6,14	5,68	10,60	0,47	98.7M

Resultado da busca efetuada em 29/01/2021, utilizando os fatores citados (fonte: https://statusinvest.com.br/acoes/busca-avancada – *link* acessado em 29/01/2021).

Backtest da estratégia de Décio Bazin

Por fim, em 2017 realizamos um *backtest* da estratégia de Décio Bazin em parceria com uma gestora de nossa confiança, no qual selecionamos empresas que, desde o ano 2000, pagavam dividendos de pelo menos 6% ao ano. Fomos inclusive um pouco mais rigorosos no critério de endividamento, e filtramos empresas com 50% de dívida sobre patrimônio líquido.

Em cada ano, no dia primeiro de abril, após todas as empresas já terem divulgado, por norma, seus resultados do ano anterior, a carteira era ajustada e atualizada de acordo com os critérios de Décio Bazin.

O resultado foi muito interessante, como podemos ver a seguir, com um desempenho muito superior ao do Ibovespa no período.

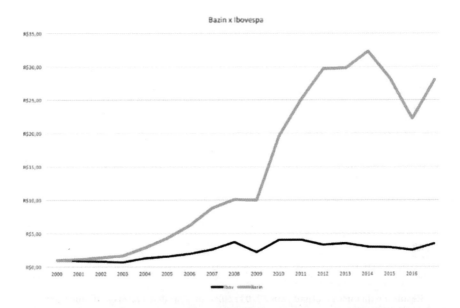

Backtest da estratégia de Décio Bazin, cobrindo o período entre 2000 e 2017. A linha superior é referente à carteira montada de acordo com os ditames de Bazin. Já a linha inferior mostra o desempenho do Ibovespa (fonte: Suno Research).

Por isso, acreditamos que a estratégia focada em empresas com endividamento controlado que pagam bons dividendos – e que estejam em uma situação saudável – tende a ter uma performance muito positiva no longo prazo.

Quando Décio Bazin publicou seu livro, no começo dos anos 1990, a indústria dos fundos imobiliários ainda estava em estágio de gestação. No entanto, se considerarmos que os FIIs são entidades que não podem contrair dívidas e seu *Payout* obrigatório é de 95 % a cada semestre, podemos concluir que os ativos que entregam um *Dividend Yield* de 6% ao ano (ou 0,5 % ao mês) também são elegíveis para a carteira previdenciária do investidor pessoa física.

Inclusive temos notícia de que os herdeiros de Bazin são grandes adeptos dos investimentos em fundos imobiliários.

XVII – A POSTURA DE QUEM INVESTE NO LONGO PRAZO

Uma das coisas mais gratificantes de começar a poupar para investir é a motivação que se cria para trabalhar e produzir.

Aquele desânimo de ter que trabalhar durante um mês inteiro para depois o salário sumir acaba. Você passa a se animar para ir à luta, pois agora há um propósito.

Disciplina é a base de tudo

Para mim, a disciplina é a característica mais importante de um investidor de sucesso. É o que o faz ir realmente longe. Isso tem uma explicação simples: com um comportamento disciplinado, conseguindo fazer todo dia um pouco, sem perder suas prioridades, o investidor cria e fortalece bons hábitos até o ponto em que tudo se torna mais fácil, quase automático.

Boa parte dos investidores bem-sucedidos que conheço não possuem um Q.I. de Einstein ou uma capacidade analítica descomunal. No entanto, eles são extremamente disciplinados, o que os coloca bem acima de maior parte das pessoas comuns.

Quantas pessoas têm a disciplina de, mensalmente, guardar uma parcela de seu salário, faça chuva ou faça sol? E não apenas guardar: ter a disciplina de investir esse capital e fazê-lo trabalhar para si mesmo?

Conheço pouca gente assim. A maioria sempre inventa desculpas. Podem até poupar e investir durante alguns meses, mas logo criam alguma desculpa ou algum obstáculo:

– Preciso ganhar mais para poder investir.

– Demora muito, a vida é para ser vivida.

– Dinheiro é para ser gasto.

Muitos também querem atalhos, seja para emagrecer ou ganhar dinheiro. O resultado deve ser rápido ou nada feito. É 8 ou 80. E aí entram em armadilhas que só atrasam tudo.

A maioria não chega a lugar algum por não ter a disciplina e a paciência de converter, gradualmente, o pouco em muito.

Algumas pessoas até imaginam aonde querem chegar, mas o fato de os objetivos estarem muito longe – aparentemente impossíveis – já as desincentiva a continuar. E assim os sonhos e objetivos vão sendo deixados para trás e abandonados. Muitas vezes para sempre.

Diferente desses, os disciplinados seguem em frente sabendo que, para atingirem seus objetivos, precisam fazer um pouco todo dia. É como construir um prédio. Às vezes, são necessários milhões de tijolos e, se você só tem dez tijolos em mãos para colocar na sua construção, provavelmente pensará que é impossível construir um e desistirá antes mesmo de começar.

Por outro lado, com a disciplina e o hábito de todos os meses adicionar alguns tijolos à sua construção, sabendo que vai demorar, um dia você chega lá. As coisas vão tomando forma, as paredes vão subindo e o seu pequeno prédio, ao longo dos anos, vai sendo construído.

No caso do investimento de longo prazo, ainda há uma vantagem muito grande em relação à construção do prédio: conforme adiciona os tijolos ao longo dos anos, você passa a receber cada vez mais tijolos para adicionar à sua construção, por causa dos juros compostos, de forma que a velocidade da construção será cada vez maior, à medida que o tempo passa.

Disciplina ou arrependimento

> *"Todo mundo deve escolher uma de duas dores: a dor da disciplina ou a dor do arrependimento."*
> – Jim Rohn

Isso tem tudo a ver com investir de olho no longo prazo. Mas o melhor de tudo é que, apesar de difícil no começo, com o passar do tempo a disciplina se transforma em prazer.

Há mais de uma década fiz minha escolha e optei por sentir a dor da disciplina. Tive de abrir mão de muita coisa, fazer inúmeros sacrifícios, mas para mim tudo valeu a pena, já que essas dores proporcionam a satisfação de ter chegado aonde queria, no limiar da liberdade. Isso não tem preço.

Infelizmente, a maioria não está disposta a pagar o preço de sentir as dores da disciplina e dos sacrifícios que deve fazer. Deste modo, muitos acabam deixando a própria liberdade ir embora, ao mesmo tempo em que se agarram a um arrependimento eterno.

Sobre ser *contrarian*

Quando uma ação de uma boa empresa que você possui começa a cair de forma constante, sua própria mente sugere que algo ruim está ocorrendo com a empresa e que tem gente sabendo o que você não sabe. Não caia nessas armadilhas mentais, pois esses são os melhores momentos para comprar.

Sua mente tentará impor que, quando o papel cai, a empresa está indo para o buraco e é hora de vender ou ficar quieto, mas quando a ação sobe, a empresa vai voar e você precisa comprar mais. Muito cuidado com esses pensamentos automáticos.

Por isso, vencer na Bolsa não é tão simples. Ela mexe com um dos pontos mais sensíveis do ser humano: a mente. Em suma, você tem de lutar contra processos mentais e mecanismos que estiveram presentes ao longo de toda a história da humanidade.

Geralmente, quando seu instinto te diz para ficar de fora, você está diante de grandes oportunidades.

Ser *contrarian* é ser disciplinado o suficiente para burlar esses mecanismos mentais, manter o otimismo quando o pessimismo toma conta do mercado e encher o carrinho nos momentos de pânico, quando todos mandam vender tudo e pregam o Apocalipse.

Exige treinamento e experiência, mas se tornar um *contrarian* é possível.

Passos, pontos & dicas

Como se tornar independente financeiramente antes dos 40 anos de idade?

1. Desenvolva o hábito de poupar, desde cedo.

2. Invista de forma inteligente o capital poupado.

3. Estabeleça metas e saiba aonde quer chegar.

4. No mercado de ações, seja sócio e não especulador.

5. Seja paciente. Evite atalhos e armadilhas.

6. Converse com amigos que compartilham objetivos semelhantes.

7. Nunca pare de buscar conhecimento.

8. Não tente evitar riscos a todo custo. Administre-os.

9. Foque em ativos geradores de renda.

10. Controle o ego e pare de querer impressionar os outros.

Tornar-se independente antes dos 40 anos é o sonho de muita gente, mas infelizmente pouquíssimos conseguem, seja por desconhecimento, falta de capacidade de poupança ou mesmo por não estarem dispostos a renunciar a certas coisas no presente.

Se você pretende realizar o sonho de viver de renda antes dos 40 anos, ou pelo menos ter renda passiva para cobrir as despesas mensais, precisa adotar hábitos e posturas diferentes. Não tem jeito.

Continuar fazendo o que a maioria das pessoas faz te impossibilitará de colher resultados diferentes e, provavelmente, você será mais um a depender do INSS e da ajuda de terceiros. Ao contrário da manada, se você seguir algumas dessas dicas e conseguir mudar certos hábitos, certamente isso lhe ajudará a colher resultados acima da média.

No meu caso, consegui colocar em prática ao longo dos anos todos esses passos, que foram essenciais na minha caminhada. Mesmo que você não consiga adotar todos, não teve o hábito de poupar desde cedo ou mesmo já tenha passado dos 40, não desanime: concentre-se nos outros pontos que estão ao seu alcance e mantenha o foco.

Bolsa não é cassino

Existe forma de investir na Bolsa de forma segura e reduzir as chances de perdas? Claro que sim!

Por muito tempo, a Bolsa foi pintada como um verdadeiro cassino, ambiente de altíssimo risco, pura especulação e lugar onde facilmente você pode perder tudo. Essa desinformação propagada ao longo das décadas, somada com as instabilidades econômicas do país e as altas taxas de juros, sempre afastou a pessoa física do mercado de ações e até hoje muita gente acredita cegamente em diversos mitos ligados ao mercado.

A verdade é que, se seguir alguns passos e encarar a Bolsa de uma forma diferente do que sempre te contaram, você não apenas reduzirá de forma expressiva as chances de perder dinheiro, como ainda ficará muito mais tranquilo ao colocar dinheiro lá.

Tendo uma reserva de emergência para não precisar vender ações na baixa, investindo para ser sócio, com foco no longo prazo, tendo uma carteira diversificada e acompanhando as empresas e FIIs presentes no seu portfólio, você consegue colher excelentes resultados no decorrer dos anos – e dificilmente perderá dinheiro.

Dessa forma, você estará investindo de forma similar a muitos grandes investidores, que compram ações para se tornar sócios e se beneficiar do crescimento e dos dividendos das suas empresas. Eles não investem para vender no dia seguinte, com um pequeno lucro.

É assim que você ganhará dinheiro na Bolsa. Esqueça as baboseiras que falam sobre o mercado financeiro. Existindo há décadas, por causa de ideias equivocadas o nosso mercado tinha, até pouco tempo atrás, menos de 0,5% da população como investidores.

Mais foco na renda – menos no patrimônio

Só comecei a dormir tranquilo, com grande porcentagem de alocação em Bolsa, quando passei a olhar mais para os dividendos e menos para o patrimônio. A meta do investidor deve ser buscar dividendos maiores ano a ano, fazendo-os representar uma parcela cada vez maior de suas despesas.

Por experiência própria, mudar este foco foi libertador. Foi a partir daí que realmente comecei a sentir que estava dando passos rumo ao objetivo de atingir a independência financeira – e não só acumulando capital por acumular. Cada real de dividendo representava um passo a mais na caminhada.

Além disso, a tranquilidade que essa mudança de postura gera é impagável. As oscilações da Bolsa deixam de incomodar; afinal, por mais que os papéis estejam caindo ou não, você sabe que a renda vai entrar. É aí que mora a tranquilidade.

Quando você atenta mais para a renda e a Bolsa cai, é motivo de comemoração. Afinal, nesses momentos você acumula mais ativos, e consequentemente, aumenta sua renda. Quer algo melhor?

O que pagará suas contas no futuro são os dividendos, e não patrimônio. A não ser que você queira vender ações e reduzir seu patrimônio para bancar suas despesas.

Comprar renda antes de comprar crescimento

Investir em empresas sólidas que pagam bons dividendos é uma forma inteligente de se expor à Bolsa, uma vez que você obtém uma rentabilidade atrativa, recebe rendimentos na sua conta e ainda reduz a volatilidade e o risco de forma expressiva.

A meu ver, todo investidor iniciante deveria começar na Bolsa com foco em ações de dividendos e FIIs. Então, só depois de pegar mais confiança e se sentir mais tranquilo, começar a comprar também algumas empresas menores ou mais focadas em crescimento.

Infelizmente, a maioria faz o contrário. Entram na Bolsa visando ao enriquecimento rápido, compram micos e empresas zoadas, perdem tudo ou quase tudo e saem por aí falando que Bolsa é cassino, prometendo nunca mais voltar. Assim não dá.

Faça do jeito certo e você aumentará muito suas chances de sucesso na Bolsa.

Lembrete recorrente

No longo prazo, as cotações seguem os lucros. No curto prazo, as cotações seguem qualquer coisa.

Se você comprou uma ação e ela caiu no curto prazo, não significa que você fez uma escolha ruim. Se ela subiu, também não significa que você fez uma escolha boa. No curto prazo, as notícias e a aleatoriedade guiam o mercado.

É no longo prazo que você saberá se fez um bom negócio.

Home Broker: use com moderação

Acabou o seu dinheiro em caixa? Não tem dinheiro para aportar neste momento? Então pare de ficar olhando as cotações. Feche o *Home Broker* e vá trabalhar ou se distrair. Só abra o *Home Broker* de novo quando for fazer um aporte. É melhor assim. O hábito de ficar acompanhando o *Home Broker* diariamente só gera ansiedade e ainda te estimula a fazer besteira, como ficar girando a carteira.

Por isso, tente se disciplinar e abra o *Home Broker* só nos dias dos aportes e reinvestimentos dos proventos recebidos. Por exemplo, se você faz aportes no dia 30, recebe dividendos dos FIIs dia 15 e alguns dividendos de ações em outros dias específicos, então só deveria abrir o *Home Broker* nesses dias. Esse hábito te ajudará a fortalecer uma postura de sócio e reduzirá suas chances de vender um bom ativo sem necessidade – ou mesmo acabar fazendo *trades*.

Se você é um investidor de longo prazo, adote a postura de sócio. Mantenha suas ações em carteira enquanto as empresas – e os projetos – se mantiverem sólidas e pagando dividendos. Revise os fundamentos pelo menos semestralmente. Pronto. Feche o *Home Broker* e vá fazer outra coisa. Será melhor assim.

Não adianta se iludir

O investidor que vende suas ações ou reclama dos seus papéis pelo desempenho no curto prazo é o mesmo que também abre mão dos possíveis 7.000% ou mais de rentabilidade que aguardam os investidores pacientes no longo prazo. São esses retornos que farão o investidor rico, e não pequenas oscilações de curto prazo, que são tão valorizadas por muitos.

O investidor que quer vencer na Bolsa deve estar preparado para ver seu patrimônio cair e até operar no vermelho, sobretudo no curto prazo, pois isso certamente acontecerá. Se você não aceita as quedas do mercado, foge do sucesso e não está preparado para enriquecer na Bolsa.

Gráficos comparativos da evolução das cotações da Klabin, publicados em 26/04/2020. No gráfico superior, o período coberto é de 24 meses precedentes à data de publicação. No gráfico inferior, o período alcança 252 meses (fonte: https://www.instagram.com/p/B_dQRfJh9Rr/ – *link* acessado em 21/09/2020).

Quem olha para o gráfico inferior da Klabin, pode imaginar que tudo foram flores e que foi uma trajetória fácil. Não mesmo. Apesar do retorno de mais de 7.000% nos últimos 21 anos, a Klabin passou por inúmeros momentos de queda e volatilidade muito relevantes, que certamente levaram muitos investidores a fugir assustados e vender seus papéis.

Para você ter uma ideia, do início do ano 2000 até o começo de 2001, as ações caíram mais de 60% – o que certamente apavorou muita gente. De 2004 a 2005, as ações caíram de R$ 0,52 para R$ 0,38 aproximadamente – um desempenho de embrulhar o estômago da maioria.

No entanto, aqueles que se mantiveram convictos em relação aos projetos e à estratégia de crescimento e, em vez de vender, aproveitaram os momentos de queda para aumentar posições, hoje colhem os ricos frutos da paciência e da postura de sócio.

Lembre-se: no curto prazo, o mercado é volátil, mas no longo prazo é uma balança na qual as ações convergem para seus respectivos valores intrínsecos, seguindo seus lucros e crescimentos.

As características dos vencedores na Bolsa

Você tem tudo o que precisa para atingir a liberdade financeira, se:

- Tem uma fonte de renda.
- Conseguiu o domínio do ego (não vive para impressionar os outros).
- Tem disciplina.
- É paciente.

Isso é tudo o que você precisa para prosperar financeiramente no longo prazo. Bem simples. Mas nada fácil de implementar. Ao menos para a maioria das pessoas, que ficam pelo caminho e não conseguem ir em frente justamente por falhar em alguns desses pontos, especialmente os três últimos. Afinal, não adianta ter renda – e até uma renda alta –, se você gasta tudo para impressionar terceiros ou não tem a disciplina de poupar.

Porém, felizmente, você pode desenvolver essas características. Requer muito treinamento, esforços e força de vontade, mas é possível. É um processo contínuo de aperfeiçoamento, que, quanto mais você pratica e desenvolve, mais fácil se torna.

Obviamente, nem todos estão dispostos e a maioria quer ficar rica sem precisar fazer nenhum sacrifício. Querem enriquecer sem abrir mão de nada e rapidamente. Querem o melhor dos dois mundos. É por isso que apenas poucos conseguirão. Mas, se você desenvolver essas características, ganha o jogo.

Três características de investidores de sucesso

Ao longo da minha carreira no mercado de capitais, conheci muitos investidores que certamente contribuíram para minha evolução, seja mostrando os caminhos que eu não deveria seguir, apontando erros ou as estratégias que mais me pareciam sensatas.

Tive contato direto com diversos perfis de investidores: desde *Traders Scalpers*, que fazem operações de compra e venda que às vezes duram segundos; até *Holders,* que apenas acumulam e acumulam ações, sem olhar para a cotação ou, por vezes, nem para a saúde financeira da empresa.

A maior parte desses investidores (ou seriam especuladores?) que conheci, infelizmente, saiu do mercado para nunca mais voltar, após amargar prejuízos ou passar a se dedicar a outra coisa.

Lembro de alguns conhecidos debatendo ansiosos no fim de semana, no extinto Orkut, sobre a abertura do mercado na segunda-feira para colocar dinheiro em um novo "mico" que haviam descoberto. Eles não estavam interessados nos fundamentos das empresas e sequer sabiam o que eram os dividendos.

Eles queriam uma possibilidade de enriquecimento rápido, seja através de algumas compras de *Penny Stocks* (vulgo micos) ou mesmo várias compras e vendas em operações de *Scalping* e *Day Trade*.

Vários deles eram meus amigos, mas perdi totalmente o contato com o tempo. Simplesmente desapareceram do mercado e alguns, com quem ainda pude conversar posteriormente, juraram jamais voltar para a Bolsa.

Por outro lado, há uma parcela desses investidores que conheci e que continuam até hoje investindo, pacientes e focados nos seus objetivos, e muitos já colhem os frutos do longo plantio que realizaram. É interessante notar que muitos destes possuem algumas características em comum, que julgo fundamentais para o sucesso no longo prazo:

1. **Eles encararam a Bolsa como forma de se associar às empresas, e não como cassino.**

Uma das principais características da maior parte desses investidores de sucesso é a forma como eles se relacionam com a Bolsa. Geralmente, são investidores que veem a Bolsa não como uma jogatina ou ferramenta de enriquecimento rápido, mas como um instrumento previdenciário e de geração de renda passiva.

Se olharmos para Luiz Barsi Filho, por exemplo, que é um dos maiores exemplos de investidor de sucesso no Brasil, ele sempre viu a Bolsa como uma forma de se associar às boas empresas, participando de seus lucros e recebendo seus dividendos. Barsi simplesmente busca investir em ações para participar do crescimento e, dessa forma, ver seu patrimônio crescendo através da valorização das ações.

2. Eles aproveitam os momentos de pânico.

Em momentos de volatilidade, enquanto a maioria vende suas posições, com medo de ver a Bolsa indo a zero e de perder todo o dinheiro investido, amargando prejuízos por seguir esse comportamento de manada, os investidores de sucesso que conheci ao longo do tempo estão animados.

Eles não ficam esperando a Bolsa acalmar ou "bater um suporte" para ir às compras. Eles observam os fundamentos da empresa, os seus múltiplos, o *Dividend Yield* após a queda (que costuma aumentar bastante) e, se esses múltiplos já começam a representar grandes oportunidades, eles entram comprando.

Geralmente, eles utilizam uma parte de suas reservas de renda fixa ou fortalecem os aportes e os reinvestimentos de dividendos nesses períodos. É em momentos como esses que o investidor consegue comprar uma nota de R$ 1 por R$ 0,50, e eles sabem disso.

3. Eles são pacientes para obter os resultados.

Os investidores que atingiram a independência financeira e vivem de dividendos – ou que estão prestes a atingir seus objetivos na Bolsa – geralmente são pacientes. A paciência é um dos seus maiores atributos. Eles simplesmente não se desesperam quando compram uma ação ou fundo imobiliário e esse ativo não sobe imediatamente.

Eles sabem que muitas vezes o mercado leva tempo para reconhecer o valor de algumas empresas e, enquanto o mercado não percebe esse valor, eles aproveitam para acumular mais papéis. Além disso, esses investidores costumam ter em mente que a trajetória na Bolsa não é rápida e demora para apresentar resultados.

A paciência, sem dúvida, é uma das maiores virtudes de um investidor. Ter a paciência para obter seus resultados, seja para ver sua renda passiva crescendo ou suas ações se recuperando do prejuízo, é fundamental para o longo prazo.

O melhor está por vir

Está preocupado que seu patrimônio ainda é pequeno e parece que custa a evoluir, mesmo com aportes, dividendos e a Bolsa subindo? Fique tranquilo, pois isso é normal.

No começo, é realmente difícil: os dividendos são pequenos e mesmo com aportes dá a impressão de que o bolo não anda. Isso porque é no longo prazo que a mágica acontece e os juros compostos exercem o efeito exponencial de multiplicação de riquezas.

Quando desanimar, lembre-se de que 99,35% do patrimônio de Warren Buffett foi conquistado depois que ele completou 52 anos de idade. O próprio Warren Buffett acharia impossível se dissessem para ele, aos seus 53 anos, que ele teria conquistado menos de 1% de todo patrimônio que acumularia na vida. Mas foi o que aconteceu.

O poder dos juros compostos é incrível e torna o tempo um verdadeiro multiplicador de riquezas. Tenha paciência e não desista. Quanto mais tempo na Bolsa você ficar, mais os juros compostos te recompensarão e premiarão de forma justa seus esforços e disciplina.

Preste atenção em Warren Buffett

Esses são alguns dos mais valiosos conselhos de Warren Buffett para aqueles que buscam o sucesso na vida:

1. *Desenvolva suas habilidades de falar em público.*

Na assembleia geral da Berkshire de 2011, Buffett disse à plateia que ele tem apenas um diploma exposto em seu escritório: o que ele recebeu ao fazer o curso de Dale Carnegie, que lhe custou US$ 100 na época.

Para Buffett, foi incalculável quanto valor ele recebeu desses cem dólares e, de acordo com ele, se você não consegue se comunicar com as pessoas, você tem um problema real.

2. *Leia o livro favorito de Buffett:* O Investidor Inteligente.

Buffett e seu sócio, Charlie Munger, são leitores vorazes. Em 2007, Buffett disse aos acionistas que havia lido todos os livros sobre investimentos na biblioteca pública de Omaha – aos 10 anos de idade.

Mas, para Buffett, um livro em especial mudou sua vida: *O Investidor Inteligente*, de Benjamin Graham. Ele costuma destacar especificamente o oitavo capítulo, sobre as flutuações do mercado de curto prazo, que sustentam uma das suas filosofias de investimento mais bem-sucedidas: vender quando os outros são gananciosos e comprar quando os outros estão com medo.

3. *Buffett sempre acreditou que você pode se tornar uma "extensão" de quem você admira e gostaria de se tornar.*

Para Buffett, você consegue acelerar muito seu sucesso se emular os vencedores. Concordo plenamente. Em todos os aspectos na vida, se seguir o exemplo dos melhores, você se dará muito bem.

4. *Escolha sempre a visão otimista.*

Um dos principais fatores de sucesso de Buffett é a sua capacidade de se manter otimista, mesmo em períodos nebulosos.

De fato, mesmo com todas as crises que vivenciou, ele não deixou de investir, independente de quem era o presidente ou mesmo em períodos de guerras e grandes crises globais. Se Buffett tivesse desistido em alguns desses cenários cinzentos, jamais chegaria aonde chegou.

5. *Faça o que ama.*

> *"Nada é melhor do que seguir sua paixão. Adoro o que faço e adorei o tempo todo. Charlie também. Algumas pessoas têm muita sorte em ter encontrado sua paixão muito cedo. E se você ainda não a encontrou, precisa continuar procurando"* – disse Warren.

Quem está no comando?

> *"Eu sempre comprei ações, não importava quem era o presidente."*
> – Warren Buffett

Pode parecer paradoxal, mas quem mais comprou ações e FIIs durante o governo da presidente Dilma Rousseff é também quem mais colhe, hoje, ganhos expressivos. Naquela época, o investidor pôde comprar Itaúsa por R$ 6, Banco do Brasil por R$ 12, Vale por menos de R$ 10. Fora os FIIs, que chegavam a pagar mais de 1% ao mês, só em rendimentos.

Quando o governo mudou, o mercado voltou a uma onda de otimismo e quem comprou naquela época de forma recorrente hoje colhe valiosos frutos.

Independentemente de quem seja o presidente, faça como Warren Buffett: continue comprando. É justamente nos governos mais instáveis que estão as melhores oportunidades.

Hora de acordar

Sobre esse *hype* de acordar cedo e ter sucesso: você pode acordar às 9 horas da manhã e enriquecer ou acordar às 5 horas da madrugada e continuar pobre para o resto da vida. O que importa não é o horário em que você desperta, mas as suas ações e os processos que você executa enquanto está acordado.

Acordar num determinado horário pode ser importante para te ajudar a criar disciplina, mas não será isso que determinará o seu sucesso.

Você colhe o que planta

Se você só segue ou acompanha perfis com inutilidades nas redes sociais e direciona a maior parte da sua energia para baboseiras, não reclame depois de sua vida estar uma porcaria.

Tudo bem você seguir alguns perfis assim e se distrair. Dar risada é essencial. O problema é quando você praticamente só acompanha isso.

E acredite, tem muita gente nesse barco furado. Dão dez vezes mais valor para besteiras e distrações do que para conteúdos realmente úteis, que agregam valor.

Hoje em dia, existem inúmeros perfis, páginas e canais com conteúdo de altíssima qualidade, didáticos e que agregam muito conhecimento. Foi-se o tempo em que as informações relevantes só eram transmitidas em ambiente acadêmico ou nos livros.

O conhecimento está em todo o lugar a um clique de distância. Então, a desculpa de não saber onde procurar ou ser muito difícil encontrar esses conteúdos não cola.

Se você ainda segue praticamente só página de humor e besteira, experimente começar aos poucos a seguir também páginas que agregam conhecimento e te ajudam a se desenvolver.

Ao abdicar dos conteúdos tóxicos ou do excesso de besteiras da Internet, você será o grande beneficiado.

Sobre amizades e relacionamentos

Você tem filtrado suas amizades e seus relacionamentos? Aquela frase que diz que somos a média das pessoas com quem convivemos faz total sentido. Vou além: somos a média não apenas das cinco pessoas com quem mais nos relacionamos, mas também a média dos conteúdos que consumimos e daquilo que prende a nossa atenção. Por isso, estar cercado de pessoas inteligentes, produtivas, de sucesso e que estão sempre atrás de conhecimento é fundamental.

Quando passei a direcionar minha atenção para coisas produtivas e para prestar atenção nas minhas amizades, a situação começou a mudar.

Lembro que até meados de 2008 vivia direcionando meu foco para baboseiras. Minha rede de relacionamentos também não era das melhores. Gente que bebia aos montes e só pensava em festas era o grosso das minhas "amizades". Não é à toa que nessa época estive bastante estagnado. Não evoluía. Estava indo para um caminho bem ruim.

Não espere estar sempre rodeado de pessoas negativas, sem ambição, improdutivos, e achar que você se tornará algo muito diferente disso. Dificilmente vai acontecer.

Tudo bem que há pessoas que você não poderá evitar e que, apesar de tudo, são bons amigos, boas pessoas. Mas, dentro do possível, se você puder selecionar sua rede de relacionamentos, tendo pessoas com objetivos em comum por perto e que são sedentas por conhecimento, será ótimo.

Isso irá acelerar o seu desenvolvimento e você estará criando um *networking* valioso, além, é claro, de boas amizades para toda uma vida.

XVIII – COMECE!

A vida não é justa, principalmente com quem não nasceu em família com dinheiro. Nessa corrida, você larga bem atrás de muita gente, em ampla desvantagem, mas e daí?

Você tem duas opções: ficar se lamentando e jogando a culpa nos outros, ou tirar o prejuízo e ir em frente.

Reclamar, chorar e ficar se vitimizando não vai resolver nada, mas é o caminho mais fácil e confortável para muitos.

Mudar a situação envolve trabalho, sacrifícios, estresse, responsabilidades – e a maioria não está disposta a pagar esse preço.

A escolha é sua.

Sei que, se você teve uma vida difícil, é desanimador olhar para o lado e ver que existem pessoas que já nasceram em berço de ouro ou tiveram tudo do bom e do melhor – as melhores escolas, as melhores faculdades –, ganhando carro e apartamento com 18 anos de idade e tudo mais.

Mas não olhe para elas, o mundo é assim mesmo. Olhe para você e busque ser um pouco melhor todo dia.

Largar na corrida da vida em grande desvantagem é difícil, mas, se você for em frente e não desistir, por mais que não chegue em primeiro, você ainda tem chance de atingir seus objetivos ou grande parte deles. Porém, se você desistir, não terá chance de chegar a lugar algum.

Siga em frente, lute contra as estatísticas e as probabilidades e vá atrás dos seus sonhos, pois, se você não for atrás deles, ninguém mais irá por você.

O grande risco

> *"Meu pai pobre sempre me dizia que investir é arriscado.
> Meu pai rico dizia que não ter educação financeira é que é
> arriscado."*
> – Robert Kiyosaki

Concordo plenamente. Investir não é arriscado. Pelo contrário. Arriscado é não ter educação financeira e correr o risco de contrair dívidas incontáveis ao longo da vida.

Arriscado, ainda, é não conseguir administrar as finanças, viver sempre no vermelho, à base de cheque especial, e pior: se aposentar só depois de 30 ou 40 anos de trabalho (em algo que você não gosta), recebendo um salário mínimo e olhe lá.

Os dados mostram também que boa parte dos casos de depressão está ligada diretamente ao dinheiro, à falta dele e à falta de uma boa administração. O estresse também. Arriscado para a sua vida é isso.

Imagine como alguém pode conseguir deitar a cabeça no travesseiro e ter uma noite tranquila de sono, sabendo que tem uma dívida impagável? Ou que a sua renda não é capaz de bancar as contas que surgirão no mês seguinte, sem que você tenha ideia do que fazer para resolver o problema?

Isso arrasa a mente. Tira a alegria de viver. Destrói vidas. Desmancha casamentos. A falta de educação financeira é certamente a raiz de muitos males. Esse é o verdadeiro risco. E ainda temos que ouvir parte da mídia e os gerentes de bancos falando que investir é arriscado.

A terceira idade chega um dia

Já ouvi que investir para ser milionário aos 65 anos é horrível, pois a pessoa vai juntar dinheiro a vida toda para se aposentar e morrer. Concorda? Então, faça o seguinte: não invista e dependa do INSS ou da ajuda de seus parentes na velhice. Boa sorte.

Incrível como tem gente que, entre ter alguma renda passiva na velhice ou não ter nada, ainda prefere o nada, inventando desculpas que fogem da lógica. Esquecem-se de que o tempo vai passar, estejam poupando algo ou não, e que é melhor vê-lo passar com algum dinheiro no bolso.

Pelo desânimo de descobrir que o enriquecimento em Bolsa é um caminho demorado e que exige muita disciplina, a maioria sequer dá o primeiro passo. Poucos são os que estão dispostos a lidar com as dores da disciplina e da paciência, mas são justamente esses que, lá na frente, não terão de conviver com a dor do arrependimento.

Não vou mentir. Você não ficará rico na Bolsa rapidamente. O processo é lento, pacato e pode gerar agonia, principalmente quando o patrimônio não cresce e as coisas não fluem.

Porém, o que é melhor? Enriquecer lentamente ou ser pobre eternamente? Prefiro a primeira opção – que no fim das contas acaba não sendo tão lenta assim, pois, ao longo de sua jornada, além de você se desenvolver profissionalmente e também como investidor, é bem provável que você se anime com a evolução do patrimônio e dos dividendos e acabe poupando mais, reduzindo bastante o tempo necessário para atingir seus objetivos.

Não deixe para depois

Muitas pessoas pensam que a Bolsa de Valores e o hábito de investir simplesmente não servem para elas. Por terem pouco dinheiro guardado, elas imaginam que de nada servirá aportar algo no mercado financeiro. Assim, os anos passam e a vida dessas pessoas também. O final dessa história já sabemos: mais aposentados dependendo do INSS, provavelmente ganhando pouco e passando aperto numa idade em que mais precisamos de conforto.

Todos deveriam ter em mente que, na Bolsa, com disciplina, paciência e foco, o pouco se torna muito no longo prazo. E não, você não precisa abrir mão de tudo para isso, abdicando do seu presente e das coisas de que você gosta e do seu lazer.

Economizar pouco, mesmo que seja 10% do seu salário, principalmente no início, já é um excelente primeiro passo que fará toda a diferença no futuro. Investidores que hoje colhem generosos frutos – dividendos de ações e rendimentos de FIIs, por exemplo – só fazem isso porque um dia plantaram e deram o primeiro passo.

Por isso, não deixe para investir só quando ganhar bem ou quando tiver bastante dinheiro sobrando. Simplesmente comece. No mundo dos investimentos, o tempo faz uma diferença crucial, e começar o quanto antes é sempre a melhor opção.

Fazer o elementar

Ter sucesso no mercado, obter uma rentabilidade acima da média no longo prazo e conseguir formatar uma carteira previdenciária, que gera renda com consistência e proporciona a liberdade financeira, está muito mais relacionado com as questões comportamentais – como hábito, disciplina e paciência – do que com a capacidade analítica e o conhecimento técnico.

Estudar e conhecer o mercado ajuda? Sim. Saber analisar os números das empresas ajuda? Sim. Mas não é a coisa mais importante. Não é necessário ser um *expert* ou acompanhar o mercado com frequência para ser um investidor vitorioso.

Qualquer pessoa, mesmo sem entender de contabilidade ou sem saber avaliar múltiplos e fazer *Valuation,* pode se dar bem na Bolsa, desde que estruture uma carteira diversificada, com boas ações e bons fundos imobiliários (geralmente ativos óbvios, como boas empresas e grandes fundos), e tenha a disciplina de aportar todos os meses, reinvestido dividendos, bem como mantendo a paciência de ver sua árvore crescer e dar frutos.

Vencer a inércia

Ler um livro no ano é melhor do que não ler nenhum. Fazer uma breve caminhada é melhor do que ficar o dia todo sentado. Comer uma fruta na semana é melhor do que não comer nenhuma. Investir R$ 100 por mês é melhor do que não investir.

Pare de arranjar desculpas. Apenas comece, do jeito que der. Mesmo que seja longe do jeito ideal e sem a segurança que você queria. Com o passar do tempo, você se aperfeiçoará e ajeitará as coisas. O importante é começar. O primeiro passo dado hoje pode fazer a diferença lá na frente.

Comprando ações com menos de R$ 50

Não importam a sua profissão ou a sua renda. Se você é um frentista, caixa de supermercado ou o que for: a Bolsa de Valores também é para você. Apenas comece, mesmo que com apenas R$ 50 por mês. Enquanto isso, se desenvolva profissionalmente para ganhar mais no futuro. Não tem segredo.

Independente do seu trabalho, você também pode se tornar sócio de grandes empresas e receber dividendos. Não é delírio. Imagine uma pessoa que ganha R$ 1.300 por mês e consegue, com muito esforço, guardar R$ 50. Mesmo não sendo muito, esse valor possibilita a ela investir em ações.

Atualmente, existem corretoras que não cobram corretagem e, portanto, é totalmente possível investir pouco, mesmo que R$ 50 ou menos por mês. Uma ação da Itaúsa, por exemplo, custava por volta de R$ 9 em setembro de 2020. Com apenas R$ 45, o investidor compraria cinco ações sem pagar taxa nenhuma e já começaria a acumular algum capital.

Esse valor te deixará rico? Claro que não. Mas te ajudará a desenvolver a disciplina de investir, além de você conseguir, desde já, acumular um patrimônio que certamente lhe dará alguma segurança no longo prazo. Por isso, não deixe de se desenvolver profissionalmente para buscar uma renda maior no futuro e poder investir mais.

Juros compostos, tempo & disciplina

Para chegar aos 65 anos como milionário (em valores de 2020), investindo pouco, você precisa:

- Começar aos 23 anos.

- Investir R$ 200 mensalmente por 42 anos.

- Reinvestir todos os dividendos.

- Obter uma rentabilidade real próxima de 9% ao ano.

- Ter foco e disciplina para não desistir.

Não é rápido, nem fácil. Exige muita disciplina e tempo, mas é possível, até quando estamos falando de aportes bem pequenos. A combinação de juros compostos com tempo e disciplina faz milagre no longo prazo. Para melhorar este cenário, é fundamental que sua renda e aportes aumentem ao longo do tempo, para que você chegue ao seu objetivo muito mais rapidamente.

Não espere pelas sobras

Muitos dizem que, se for para investir pouco, melhor nem investir e que o melhor é *"esperar para ganhar mais"*. Discordo.

Investindo pouco, além de permitir que o investidor obtenha algum patrimônio e renda passiva no futuro – o que por si só será melhor do que não ter patrimônio algum –, ainda faz com que ele desenvolva a disciplina para poupar e investir, o que permitirá que economize muito mais, caso futuramente venha a ter uma renda maior.

Por isso, não espere ganhar mais ou sobrar mais dinheiro para começar a investir: simplesmente comece, o quanto antes. Mesmo que invista R$ 100 ou R$ 200 por mês, você já está à frente da maior parte da população e dando passos importantíssimos, que serão recompensados lá na frente.

Confie mais em você mesmo. Pare de se autolimitar

Não vou te iludir. Se você ficar investindo R$ 200 por mês a vida toda, você até acumula um bom patrimônio depois de décadas, mas não enriquecerá plenamente. Se quiser enriquecer para valer, precisará aliar a sua disciplina de investir ao seu desenvolvimento profissional.

É muito fácil chegar aqui e dizer que tudo que você precisa é investir R$ 200 por mês e esperar quatro décadas para ver os resultados e ter uma renda de dividendos.

Concordo que investir pouco é muito melhor do que investir nada, mas incentivar essa postura de investir valores pequenos eternamente, querendo ou não, é incentivar as pessoas a ficarem estagnadas e conformadas. Isso é limitador e não faz bem para ninguém.

O ideal é, sim, começar com o que puder, mas sem abrir mão da busca constante por desenvolvimento profissional e aumento de renda. É essa combinação que faz o investidor realmente enriquecer no longo prazo.

Além disso, tenho certeza de que você pode muito mais do que investir R$ 200 por mês durante 30 anos e permanecer na mesma rotina e situação o resto da sua vida. É clichê falar isso, mas experimente sair da sua zona de conforto. Existem inúmeras possibilidades para você ganhar mais dinheiro e viver melhor. Às vezes, você já se tornou um cisne, mas continua se achando e vivendo como um patinho feio.

Investir e aprender

Existe um mito de que, para investir no mercado de renda variável, é necessário ganhar muito bem (sabe-se lá o que seria exatamente isso) ou ter muito dinheiro. Essa falácia é propagada repetidamente por inúmeras pessoas, além de alguns veículos da mídia, e ainda por alguns gerentes de banco.

Estas pessoas acabam desincentivando muitos interessados no mercado financeiro. Fazem esses potenciais investidores acreditar que talvez não tenham dinheiro suficiente para investir em ações e que precisam primeiro esperar ter uma renda maior.

Discordo plenamente dessa visão.

Realmente, quem investe pouco, ainda que algo como R$ 200 ou R$ 300 por mês, dificilmente será um milionário no futuro. Porém, há incontáveis vantagens que beneficiam o investidor que toma essa atitude, entre elas o aprendizado.

Quem começa a investir passa a ter mais curiosidade e interesse pelo assunto, querendo conhecer as empresas e os fundos de forma mais profunda.

Assim, esse investidor muitas vezes se pega lendo *releases* de empresas, pesquisando sobre termos utilizados no mercado financeiro ou consultando relatórios de fundos imobiliários, fazendo anotações. Acredite, isso não será um tédio para ele, que provavelmente fará isso com disposição, o que é um ótimo sinal.

Esse processo de se interessar pelo mercado, ler cada vez mais, além de fortalecer a vontade de investir, buscando formas de economizar e destinar mais recursos para fortalecer sua carteira previdenciária, ainda fará o investidor conhecer mais a fundo as empresas e os fundos imobiliários nos quais investe, gerando naturalmente maior segurança e convicção em sua postura.

Com todo o conhecimento que vai sendo adquirido ao longo dessa trajetória, ainda que investindo pouco, é natural que o investidor evolua e desenvolva seus métodos e suas estratégias – o que certamente o aperfeiçoará e tornará a sua jornada mais fácil, segura e mais rápida.

Quando este investidor passar de fato a ganhar bem, o que eventualmente pode ocorrer, por conta da evolução profissional, é muito provável que, por todo conhecimento adquirido, a estrada para a independência financeira seja muito menor do que ele imaginava.

Investir depois dos 50, ainda há tempo?

Recebi esta pergunta num dos espaços para debates sobre investimentos que acompanho:

> *– Tenho 51 anos de idade. Gostaria de saber se, investindo R$ 5 mil por mês, consigo ter um bom dividendo 15 anos depois?*

Reproduzo, a seguir, parte da minha resposta:

> *"Muitos dizem que começar a investir depois dos 40 ou 50 anos de idade não vale a pena, porém, discordo totalmente dessa visão. Entendo que sempre é tempo de começar, não importa a idade.*
>
> *Conheço um senhor, apaixonado por fundos imobiliários, que começou a investir regularmente aos 50 anos e, mantendo a disciplina, paciência e foco, aos 68 atingiu*

sua independência financeira plena – algo que parecia inimaginável para ele no início. Desde então, ele passou a ter a vida que queria, com muito mais liberdade e tranquilidade.

Mais de dez anos depois, ele tem uma vida bastante confortável, possui um belo carro, faz viagens e vive do jeito como sempre sonhou, sendo que a sua renda proveniente dos fundos imobiliários é simplesmente muito maior que sua renda de aposentadoria do sistema público.

Considero esse senhor um exemplo que deveria ser seguido por muita gente que deixou para investir mais tarde.

Se mais pessoas tivessem essa disposição de começar a investir, independentemente da idade ou do momento da vida, não precisariam depender do frágil sistema de previdência pública.

Por mais que, para a maioria, não seja possível obter uma aposentadoria milionária, obter pelo menos uma renda passiva atrativa, bem superior àquela paga pelo INSS, e que seja capaz de garantir conforto e segurança, está ao alcance de todos.

No seu caso em particular, os R$ 5 mil mensais são valores bastante atrativos e muito acima da média da capacidade de poupança do brasileiro, o que naturalmente deve te possibilitar um resultado acima da média e lhe permitirá criar uma resiliente e consolidada carteira previdenciária de longo prazo.

Para ser mais específico, pelas minhas estimativas, a tendência é que você obtenha uma renda passiva em torno de R$ 10 mil a valores de hoje, ou seja, já ajustado pela inflação e, portanto, uma renda que representa *basicamente quase oito vezes a média de aposentadorias do brasileiro – praticamente o dobro do teto do INSS."*

Em busca da utopia

Tem gente que critica meu trabalho por "estimular pobres a pouparem", alegando que eles não têm dinheiro para nada.

Ora, não tenho o poder de acabar com a fome do mundo, tampouco posso criar empregos nessa escala. Faço o que está ao meu alcance: ajudar a mudar a mentalidade das pessoas sobre os investimentos, demonstrando que a estratégia de acumulação de ativos geradores de renda na Bolsa de Valores é, sim, para muito mais gente do que se possa imaginar, independente da classe social e capacidade de aporte.

Por mais que dificilmente uma pessoa que invista R$ 100 ou R$ 200 por mês possa ficar rica em função disso, só o fato de ela virar a chave e fazer algum patrimônio na Bolsa já me faz pensar que tudo valeu a pena. Isso é o suficiente? Não.

Precisamos de um longo ciclo de crescimento econômico, além de acabar com os bilhões de benefícios para os "marajás", aumentar produtividade e competitividade das nossas empresas e tudo mais para chegarmos próximo do que seria ideal. Mas, enquanto isso não acontece, sigo fazendo o que está ao meu alcance.

Felizmente, recebo inúmeros testemunhos de pessoas que estão conseguindo investir e formar um patrimônio. Estão animadas, empolgadas e agora pegaram gosto pela coisa. Ler coisas assim não tem preço.

Nossa meta

Enquanto receber dividendos de ações e FIIs não for tão comum para as pessoas quanto ter um imóvel e receber aluguéis, seja de uma casinha ou de apartamento, a minha missão está incompleta. Trabalho grande pela frente? Sim. Mas já estamos dando passos importantes.

Em 2010, quase ninguém sabia o que eram dividendos e uma parcela praticamente nula da população brasileira recebia proventos em conta, ao menos de empresas de capital aberto. Dez anos depois, já temos certamente algumas centenas de milhares de pessoas que recebem dividendos. Ainda é muito pouco, mas a situação está mudando.

Tenho certeza de que, daqui a dez anos, receber dividendos pode se tornar quase tão comum quanto receber aluguéis de imóveis.

Plantar e cuidar antes de colher

"A melhor época para plantar uma árvore foi 20 anos atrás. A segunda melhor é agora."
– Provérbio chinês

Isso tem tudo a ver com investimentos de longo prazo e carteira previdenciária. Nunca é tarde para começar e, por mais que o melhor momento para ter começado tenha sido há muito tempo, o segundo melhor momento é agora.

POSFÁCIO

Como ingressei no embrião da Suno Research

Por Felipe Tadewald

Conheci Tiago Reis num fórum virtual de investidores de fundos imobiliários, em meados de 2014. Era muito comum que investidores se reunissem nesses *blogs* e fóruns para trocar opiniões e compartilhar informações.

Era um dos membros mais ativos e sempre estava engajado em compartilhar meus estudos. Nesta época, Tiago estava iniciando suas pesquisas sobre fundos imobiliários e o fórum reunia conteúdo valioso e debates relevantes.

Ele estava iniciando a migração de parte da sua carteira para FIIs, que possuíam *Yields* ainda mais atrativos naquela época, sendo investimentos excelentes para quem buscava geração de renda passiva. Não era difícil encontrar fundos imobiliários com *Yield* de 9% ou 10% ao ano. Era o sonho de investidores que, assim como eu, adoram renda passiva.

Foi neste fórum da Internet que também conheci o Professor Baroni, com quem aprendi muito desde então. Aliás, alguns dos melhores amigos que possuo até hoje, além do Tiago e do Baroni, conheci desta forma.

Mudança de plataforma

No ano seguinte, Tiago foi convidado para fazer uma *live* com os membros do *blog*. Ao final da apresentação, Tiago deixou o *link* de seu perfil no Facebook e seu *e-mail* para quem quisesse entrar em contato. Foi ali que o adicionei entre os meus amigos nesta rede social e conseguimos manter um contato mais próximo.

Infelizmente (ou felizmente?), o dono deste fórum começou a adotar posturas autoritárias, bloqueando comentários e impedindo a comunicação entre os membros fora do *website*.

A essa altura do campeonato, alguns dos investidores que eram membros assíduos do *blog* já haviam abandonado esse ambiente virtual, especialmente pela postura do seu criador.

Após uma falta de atenção do proprietário do *blog* sobre fundos imobiliários, alguns membros conseguiram compartilhar seus números de WhatsApp, migrando para esta nova plataforma de interações. Assim, um grupo de debates de investidores foi criado no WhatsApp, do qual Tiago também participava.

Um mercado subestimado

Nesta época, vivendo como um aposentado, mas com apenas 30 anos de idade, lembro que Tiago parecia um tanto desanimado com algumas coisas. Uma delas era o fato de que o nosso mercado de valores apresentava um crescimento muito limitado de investidores – reflexo, dentre outras coisas, da desinformação propagada ao longo de décadas por inúmeros agentes da sociedade, de bancos e corretoras aos veículos de comunicação.

Tiago estava chateado com isso. Parecia que nosso mercado estava mesmo fadado a ser minúsculo. Enquanto nos Estados Unidos mais de 50% da população investia na Bolsa, no Brasil esse percentual era de menos de 0,5%. Até a Índia, com todos os seus problemas sociais, políticos e econômicos, tinha quase 2% da população investindo na Bolsa.

O fato de a Bolsa ter sido sempre retratada como um local elitista, seleto e altamente arriscado certamente auxiliou no enraizamento desse medo generalizado das pessoas em relação ao mercado.

Para piorar, os juros elevados do Brasil e as inúmeras crises políticas e econômicas serviam como uma trava para o crescimento da Bolsa.

Por outro lado, a situação econômica (ao menos no campo das expectativas) começava a melhorar já em 2016, quando os juros iniciaram uma trajetória de queda.

Agentes da desinformação

O fato é que não podíamos nos contentar com isso. Tínhamos um ambiente econômico que começava a mostrar sinais de recuperação e inúmeras empresas listadas em Bolsa a "preço de banana", com as oportunidades sendo aproveitadas pelas mesmas figuras de sempre.

Historicamente, quem deveria ajudar os investidores, como gerentes de bancos, agentes autônomos, entre outros membros da cadeia do mercado financeiro, acabava mais pensando em si mesmo do que em outra coisa.

Assim, não era difícil você ir ao banco, perguntar sobre o investimento em ações e ouvir os funcionários da instituição afirmarem que as ações são extremamente caras e arriscadas, te empurrando em seguida um título de capitalização.

Do lado da intermediação, agentes autônomos e corretoras remuneradas pelo giro dos clientes também acabavam criando um enorme conflito de interesses. Conteúdos sobre *trades* e carteiras com giro diário e semanal, por exemplo, eram facilmente encontrados em suas divulgações.

Trazendo a luz para os investimentos

Isso precisava mudar. Se por um lado eu não tinha condições financeiras e nem a estrutura necessária para iniciar um projeto visando criar valor neste mercado, por outro, Tiago, entediado com a aposentadoria precoce, diante da situação da nossa Bolsa brasileira, além de possuir um valioso *networking*, resolveu arregaçar as mangas e mudar isso.

Assim nasceu a Suno Research. Ao menos o embrião dela, no segundo semestre de 2016.

Não era justo que as pessoas ficassem privadas de conhecer as estratégias de acumulação de patrimônio a longo prazo na Bolsa. Não era justo que elas ficassem presas nas mãos de quem não tinha verdadeiramente o interesse de enriquecê-las, pois na verdade sempre colocam os seus ganhos acima de tudo.

Tiago, após ter fundado a companhia e ter trabalhado praticamente sozinho, sem remuneração durante um bom tempo, além de ter estudado muito para desenvolver um modelo de negócios sustentável e que fizesse sentido, tirou a Suno efetivamente do papel.

O divisor de águas

Ao contrário de Tiago, eu nunca havia trabalhado no mercado financeiro. Meu trabalho era gerenciar meu próprio portfólio. Só isso. Nunca tive o interesse de trabalhar no mercado profissionalmente, justamente por não me identificar com a filosofia de praticamente nenhuma empresa brasileira atuante neste segmento.

Porém, ao final de fevereiro de 2017, numa quarta-feira, Tiago veio conversar comigo. Eu o ajudei a finalizar um conteúdo que seria uma das primeiras publicações do Suno Premium, auxiliando na elaboração do texto. Ele me passou detalhes sobre o projeto Suno, que seria um divisor de águas neste mercado. Me identifiquei bastante com o projeto e com os ideais. Enfim surgia uma empresa focada realmente no investidor.

Uma empresa que estava disposta a ensinar e propagar a filosofia de longo prazo para as pessoas comuns, ensinando que o investidor, mesmo sem grandes recursos, poderia se associar a boas empresas, receber dividendos e assim construir um patrimônio para a aposentadoria.

A multiplicação de um propósito

O trabalho de educação e desenvolvimento de investidores de longo prazo a ser feito era enorme. Mas estava disposto a entrar de cabeça neste projeto e oficializei meu ingresso na Suno, após uma rápida negociação dos termos da colaboração.

Na época, não éramos mais do que quatro ou cinco pessoas envolvidas no projeto. Já em 2022, o Grupo Suno atingiu o patamar das três centenas de colaboradores.

Quando direcionamos nossa dedicação, nossos esforços e vontade para alguma coisa, de verdade, é muito difícil não dar certo. Foi o que ocorreu com a Suno, uma empresa repleta de pessoas apaixonadas, dedicadas e comprometidas com os mesmos objetivos.

Fico imensamente grato e feliz por ter participado de tudo isso. Além de termos colaborado para mudar a vida de milhares de pessoas, levando educação financeira e o acesso ao investimento de longo prazo.

O caminho ainda é longo e tenho certeza de que ainda faremos muito mais.

GLOSSÁRIO

Os principais termos e siglas adotados no vocabulário do mercado financeiro no Brasil

Ação ordinária (ON): ação que permite ao acionista participar das assembleias das empresas com capital aberto e votar nos temas propostos.

Ação preferencial (PN): ação sem direito a voto por parte do acionista, que, no entanto, tem a garantia de receber os dividendos estatutários ou outro benefício de acordo com a Lei das S/A ou com o estatuto da companhia.

Análise fundamentalista: forma de investir no mercado de ações que prioriza o retorno de longo prazo, proveniente dos lucros da atividade empresarial.

Análise gráfica: método para analisar o comportamento das ações no mercado tentando antecipar tendências por meio de movimentos identificados em gráficos que expressam a evolução das cotações.

Análise técnica: vide "Análise gráfica".

Ativos: todos os bens pertencentes a uma empresa, incluindo aplicações financeiras, imóveis, máquinas e equipamentos, veículos, participações em outras empresas e reservas de valor.

Balanço patrimonial: documento contábil que aponta tanto os bens como as dívidas de uma empresa, compreendidos como seus ativos e passivos.

BDR: sigla em inglês para "*Brazilian Depositary Receipts*". São classes de valores mobiliários negociados no mercado brasileiro com lastros oriundos de ações estrangeiras. Investir em BDRs é uma forma de diversificar investimentos sem abrir contas em corretoras de outros países.

Blue-chips: expressão oriunda dos cassinos, onde as fichas azuis possuem maior valor. Nas Bolsas, equivalem às ações com maior volume de transações.

Bonificação: evento puramente contábil, no qual as empresas distribuem novas ações sem custo para os acionistas, conforme as quantidades de ações que eles já possuem. A cotação é ajustada na proporção inversa.

Cap Rate: abreviatura de *"Capitalization Rate"* (Taxa de Capitalização). É o retorno anualizado atribuído no momento da compra de um ativo imobiliário. Esta taxa é calculada multiplicando o aluguel pago por 12. Na sequência, divide-se pelo valor pago pela propriedade. Para se chegar à taxa final, multiplica-se por 100.

Capex: sigla da expressão inglesa *"Capital Expenditure"*, que compreende a quantidade de recursos financeiros alocados para a compra de bens de capital de uma determinada companhia, com o objetivo de manter ou até expandir o escopo das suas operações.

Capital: recurso financeiro expresso em moeda corrente. Empresas de capital aberto permitem que o público compre ações por meio do mercado de capitais. O capital de giro equivale ao dinheiro que a empresa coloca em movimento.

Circuit-Breaker: mecanismo automatizado que interrompe os negócios nas Bolsas de Valores sempre que os índices de referência sobem ou descem abruptamente em níveis elevados (por exemplo, 10%).

Cotação: preço da ação determinado pelas forças do mercado.

Crash: situação de desvalorização geral e acentuada das ações, responsável pela quebra de vários agentes especuladores ou investidores.

Day Trade: operação especulativa de compra e venda de ativo listado na Bolsa, realizada na mesma data.

Debênture: título emitido por empresas para captar recursos no mercado de capitais, com prazos e créditos determinados, sem que seus detentores se configurem como sócios delas.

Desdobramento (*split*): evento contábil no qual a empresa, a fim de aumentar a liquidez dos papéis, multiplica a quantidade de ações por um fator e divide o valor da cotação por ele, sem alterar o valor total de mercado. Fenômeno oposto ao grupamento (*inplit*).

Dívida Bruta/Patrimônio Líquido: indicador fundamentalista que expressa o grau de alavancagem (endividamento) de uma empresa.

Dividend Yield: indicador fundamentalista que representa em porcentagem a remuneração da ação dividida pela sua cotação, no prazo de 365 dias anteriores à cotação da ação. Por exemplo: no último ano a empresa distribuiu, entre dividendos e JCP, R$ 0,10 por ação. Se a ação está cotada em R$ 1,00, o *Dividend Yield* equivale a 10%.

Dividendo: parte dos lucros das empresas que será repartida com seus acionistas proporcionalmente à quantidade de ações que possuem.

DRE: sigla para "Demonstração do Resultado do Exercício", documento que informa, em relação a determinado período, se uma companhia obteve lucro ou prejuízo.

EBITDA: sigla em inglês para "*Earnings Before Interests, Taxes, Depreciation and Amortizations*", que, na sua tradução literal, significa Lucro Antes dos Juros, Impostos, Depreciação e Amortização. Tal indicador fundamentalista também pode ser chamado de LAJIDA.

ETF: sigla para "*Exchange Traded Funds*", que em português soaria como FNB ou "Fundos Negociados em Bolsa". Tais fundos relacionados aos índices, como o Ibovespa, são negociados como ações.

FIIs: sigla para "Fundos de Investimento Imobiliário".

Fluxo de caixa: valor financeiro líquido de capital e seus equivalentes monetários que são transacionados – entrada e saída – por um negócio em um determinado período de tempo.

Futuro: tipo de negociação com prazos e condições pré-determinados, visando à garantia de preços mínimos e protegidos da volatilidade do mercado.

Grupamento (*inplit*): evento contábil no qual a empresa, a fim de minimizar a volatilidade de papéis com valor baixo, divide a quantidade de ações por um fator e multiplica o valor da cotação por ele, sem alterar o valor total de mercado. Fenômeno oposto ao desdobramento (*split*).

Hedge: operação financeira que busca a mitigação de riscos relacionados com as variações excessivas de preços dos ativos disponíveis no mercado.

JCP (JSCP): sigla para "Juros Sobre Capital Próprio" – uma forma alternativa aos dividendos para as empresas remunerarem seus acionistas, com retenção de impostos na fonte, reduzindo a carga tributária das empresas de forma legal.

Joint-venture: aliança entre empresas com vistas a empreendimentos ou projetos específicos de grande porte.

Liquidez corrente: indicador fundamentalista que expressa a relação entre o ativo circulante e o passivo circulante, demonstrando a capacidade da empresa de honrar compromissos no curto prazo.

Long & Short: estratégia na qual o investidor mantém, simultaneamente, uma posição comprada em um papel e uma posição vendida em outro, com o objetivo de lucrar com a diferença na variação de preços entre os dois ativos, que precisam ser relacionados. O termo também pode ser compreendido como uma operação de arbitragem.

Lote: no mercado financeiro brasileiro, o lote equivale a 100 ações como quantidade mínima ideal para compra e venda na Bolsa. Quando um lote é quebrado, as ações são negociadas no mercado fracionário, caso em que algumas corretoras de valores cobram taxas diferenciadas.

LPA: indicador fundamentalista que expressa o Lucro Por Ação.

Margem bruta: indicador fundamentalista que expressa o lucro bruto dividido pela receita líquida.

Margem líquida: indicador fundamentalista que expressa a relação entre o lucro líquido e a receita líquida.

Minoritários: investidores que adquirem ações em quantidades relativamente baixas, que impedem a sua participação na gestão das empresas.

Opção (OPC ou OTC): tipo de negociação que garante direito futuro de opção de compra ou de venda com preço pré-determinado.

Ordem: determinação de compra ou venda de ativo no mercado de capitais, que o aplicador comunica à sua corretora de valores para execução.

P/Ativos: indicador fundamentalista que expressa a relação entre o Preço da ação e os Ativos totais por ação.

P/Capital de Giro: indicador fundamentalista que expressa a relação entre o Preço da ação e o Capital de Giro por ação, que por sua vez significa a diferença entre o ativo circulante e o passivo circulante da empresa.

P/VP: indicador fundamentalista que expressa a relação entre o Preço da ação e o Valor Patrimonial da ação.

Papel: equivalente a ação (termo que fazia mais sentido quando as ações eram impressas e entregues ao portador).

Passivos: componentes contábeis das empresas, que representam seus compromissos, obrigações, dívidas e despesas circulantes e não circulantes, como salários de funcionários, empréstimos, tributos e dívidas com fornecedores.

Patrimônio líquido: valor financeiro resultante da diferença entre os ativos e os passivos de uma empresa.

Payout: porcentagem do lucro líquido distribuído, na forma de dividendos ou juros sobre capital próprio, aos acionistas da empresa.

PL (P/L): indicador fundamentalista para a relação entre Preço e Lucro. Representa a cotação da ação no mercado dividida pelo seu lucro por ação.

Posição: situação do acionista em determinada empresa, fundo imobiliário ou ativo correlato. Quando um investidor zera a sua posição numa empresa ou num fundo imobiliário, por exemplo, significa que ele vendeu todas as suas ações ou cotas.

Pregão: período de negociações na Bolsa de Valores com negócios realizados eletronicamente. Antigamente, os pregões eram presenciais.

PSR: indicador fundamentalista cuja sigla em inglês indica *"Price Sales Ratio"* e equivale ao preço da ação dividido pela receita líquida por ação.

Realizar lucros: vender ações para converter as valorizações em capital disponível para outros fins.

Release: é um comunicado emitido pelas empresas, para dar destaque a informações não financeiras importantes para o melhor entendimento das demonstrações financeiras. Não é um documento de divulgação obrigatória.

Resistência: valor historicamente mais alto atingido pela cotação de determinada ação.

ROE: sigla em inglês para *"Return On Equity"*. Também é conhecido no Brasil como "RPL", ou seja, "Retorno sobre o Patrimônio Líquido". Essa métrica indica o quanto uma empresa é rentável, mostrando o lucro líquido dividido pelo seu patrimônio líquido.

ROIC: sigla em inglês para *"Return On Invested Capital"*, que em português significa "Retorno Sobre o Capital Investido", ou seja, o capital próprio da empresa somado ao capital de terceiros.

SA (S/A): sigla para "Sociedade Anônima", comum nas razões sociais das empresas de capital aberto.

Short Selling: venda a descoberto. Estratégia de especulação conduzida por quem aluga um ativo ou derivativo para vender no mercado, na expectativa de queda das cotações para recompra futura com lucro.

Small Caps: empresas de porte menor se comparadas com as *Blue Chips*, com baixo volume diário de negociações e pouca liquidez no mercado.

Stop Loss: ordem de venda automatizada de uma ação, pré-determinada pelo aplicador junto à corretora de valores, para evitar perdas com quedas excessivas das cotações.

Stop Gain: ordem de venda automatizada de uma ação, pré-determinada pelo aplicador junto à corretora de valores, para realizar lucros.

Subscrição: situação que ocorre quando as empresas oferecem novas ações preferencialmente para seus acionistas. O mesmo se aplica aos fundos imobiliários em relação aos seus cotistas.

Swing Trade: operação especulativa de compra e venda de ativo listado na Bolsa, realizada em prazos curtos, que variam de três dias até algumas semanas.

Tag Along: mecanismo de proteção concedido aos acionistas minoritários por um empreendimento que possui suas ações negociadas na Bolsa de Valores, caso ocorra um processo de venda do controle para terceiros, por parte dos acionistas majoritários.

Termo: tipo de negócio realizado com pagamento a prazo.

Ticker: código pelo qual os ativos são negociados em Bolsas de Valores. Por exemplo, TIET3 é o código da ação ordinária da Geradora Tietê. TIET4 é o código da ação preferencial da mesma empresa e TIET11 é o código das suas *Units*. Já o BDR do Google usa o código GOOG35.

Underwrite: ato do investidor de subscrever ações ofertadas pelas empresas.

Units: ativos compostos por mais de uma classe de valores mobiliários, como, por exemplo, um conjunto de ações ordinárias e preferenciais.

Upside: É o potencial de valorização de uma ação.

Valuation: conjunto de ponderações técnicas e subjetivas para avaliar uma empresa ou fundo imobiliário, visando encontrar o valor justo de suas ações ou cotas, bem como seu potencial de retorno para investidores.

VPA: indicador fundamentalista que expressa o Valor Patrimonial por Ação, ou seja: o valor do patrimônio líquido dividido pelo número total de ações.

Envie seus comentários construtivos:

- contato@sunoresearch.com.br

- editoracla@editoracla.com.br

Outros títulos disponíveis em versão impressa:

- Guia Suno Dividendos
- Guia Suno de Contabilidade para Investidores
- Guia Suno Fundos Imobiliários
- 101 Perguntas e Respostas para Investidores Iniciantes
- Guia Suno *Small Caps*
- Guia Suno Fundos de Investimentos
- Cultivando Rendimentos
- Lições de Valor com Warren Buffett e Charlie Munger
- 101 Perguntas e Respostas sobre Fundos Imobiliários
- Expoentes do Value Investing

Projeto editorial: Suno Research
Coordenação: Andre Froes
Editor: Fabio Humberg
Editor associado: Jean Tosetto
Capa: Alejandro Uribe, sobre ideia original de Jean Tosetto & Ricardo Antunes
Diagramação: Alejandro Uribe
Revisão: Humberto Grenes / Cristina Bragato

Dados Internacionais de Catalogação na Publicação (CIP)
(Câmara Brasileira do Livro, SP, Brasil)

Tadewald, Felipe
    Investir é uma jornada / Felipe Tadewald, Jean
Tosetto. -- São Paulo : Editora CL-A Cultural, 2023.

    ISBN 978-65-87953-43-4

    1. Ações (Finanças) 2. Bolsa de valores. -
Investimentos 3. Economia 4. Fundos de investimentos
5. Mercado financeiro I. Tosetto, Jean. II. Título.

22-139374   CDD-332.6

Índices para catálogo sistemático:

1. Mercado financeiro : Investimentos : Economia
   financeira 332.6

(Inajara Pires de Souza - Bibliotecária - CRB PR-001652/O)

Editora CL-A Cultural Ltda.
Tel.: (11) 3766-9015 | Whatsapp: (11) 96922-1083
editoracla@editoracla.com.br | www.editoracla.com.br
linkedin.com/company/editora-cl-a/ | instagram.com/editoracla